Reinhart Lempp

Die autistische Gesellschaft

Geht die Verantwortlichkeit für andere verloren?

Kösel

ISBN 3-466-30418-0
© 1996 by Kösel-Verlag GmbH & Co., München
Printed in Germany. Alle Rechte vorbehalten
Druck und Bindung: Kösel, Kempten
Umschlag: Kaselow Design, München
Umschlagmotiv: ZEFA

1 2 3 4 5 · 00 99 98 97 96

*Gedruckt auf umweltfreundlich hergestelltem Werkdruckpapier
(säurefrei und chlorfrei gebleicht)*

Meinen Enkelkindern

Inhalt

Vorwort

Meine Tochter, der ich den Entwurf des Manuskripts für dieses Buch zum kritischen Durchlesen gab, fragte mich, als sie es gelesen hatte, um was es mir denn dabei eigentlich gehe: mehr um ein erweitertes Verständnis des frühkindlichen Autismus, mehr um ein Überdenken und eine Veränderung der gegenwärtigen Bildungspolitik oder mehr um grundsätzliche menschliche und gesellschaftliche Entwicklungen und ihr Verständnis?

Ich konnte ihr nur antworten: Um alle drei!

Angefangen hatte es mit Überlegungen zu dem Wesen des frühkindlichen Autismus, der mich schon lange beschäftigt. Das führte zu Gedanken über die Probleme der sozialen Reifung der Jugendlichen und deren Schwierigkeiten dabei, was wiederum zu Gedanken zur allgemeinen Unreife vieler Menschen Veranlassung gab, wodurch diese bedingt sein könnte und was diesem Phänomen entgegengesetzt werden könnte.

Tatsächlich hängt alles miteinander zusammen.

Wenn man sich als Psychiater, speziell als Kinder- und Jugendpsychiater, jahrzehntelang mit dem Heranwachsen von Kindern und Jugendlichen beschäftigt, mit deren Familien, mit der Schule und deren Bedingungen, mit der Gemeinschaft und ihren Vorgaben, dann wird man, ob man will oder nicht, zu einer solchen Zusammenschau gedrängt.

Das Buch soll sich nicht so sehr an meine Kolleginnen und Kollegen wenden – diese dürfen es natürlich auch lesen, wenn sie wollen –, sondern mehr an Menschen, die sich für psychische und gesellschaftliche Zusammenhänge interessieren und darin Anregungen zu kritischem Weiterdenken finden könnten.

Ich danke besonders meiner Frau und meiner Tochter Franziska Lempp für geduldige und mühevolle Durchsicht und kritische Hilfe.

Reinhart Lempp, Sommer 1995

Die Erkenntnis des Taxifahrers

Als ich kürzlich in einem Taxi vom Bahnhof nach Hause fuhr, veranlaßte die Verkehrssituation den Taxifahrer zu einer Bemerkung: »Die stellen sich einfach neben die Parkreihe, schalten die Warnblinkanlage ein und denken nicht an die anderen Fahrzeuge.« Meine Entgegnung: »Ja, man ist offenbar im Straßenverkehr immer rücksichtsloser.« Darauf korrigierte mich der Taxifahrer: »Die sind nicht rücksichtslos, dann würden sie ja absichtlich so handeln. Sie denken aber gar nicht an die anderen.«

Die natürliche Selbstsucht des Kleinkindes

Das Lernen des Einfühlungsvermögens

Diese beiläufige Bemerkung, daß es sich ja nicht um eine Rücksichtslosigkeit, um eine gewollte Nicht-Berücksichtigung der Interessen anderer handle, sondern einfach um eine Gedankenlosigkeit, um ein »Nicht-daran-Denken«, war mir aufgefallen. Als Kinder- und Jugendpsychiater weiß ich, daß diese Haltung in einem bestimmten Kleinkindalter ein ganz natürliches Durchgangstadium darstellt. Ein Kind muß erst lernen, sich in andere einfühlen zu können. Erst dann kann es Rücksicht nehmen. Dieses Zwischenstadium der natürlichen Selbstbezogenheit nennen wir Egozentrismus.

Wenn es stimmt, was der Taxifahrer beobachtet hat, daß wir es uns allmählich abgewöhnt haben, uns um die Bedürfnisse und die Empfindungen unserer Mitmenschen zu kümmern und darauf Rücksicht zu nehmen, ja, sie überhaupt erst wahrzunehmen, dann muß man die Frage stellen, woher dies kommen könnte.

13

Zunächst aber müssen wir uns darüber informieren, woher denn diese Fähigkeit rührt, sich in andere hineinzufühlen, ihre Bedürfnisse zu erkennen. Wie entsteht die Fähigkeit zur Empathie und die Fähigkeit zur Überwindung der Selbstbezogenheit, des Egozentrismus?

Man kann davon ausgehen, daß sich diese Fähigkeiten im Laufe der Kindheit aus dem Kontakt mit den Mitmenschen und aus der Erfahrung im Umgang mit diesen entwickeln.

Das Kleinkind baut eine enge Beziehung zu seiner Mutter und zu seinem Vater auf, die abhängig ist von der Haltung und Zuwendung dieser nahestehenden Erwachsenen zu dem Kleinkind. Schon Säuglinge können bald nach der Geburt in ein mimisches und auch bald von Lauten begleitetes Wechselspiel mit dem sich ihnen zuwendenden Erwachsenen eintreten, sobald dieser sich nur im richtigen »mittleren Abstand« und mit offener Zuwendung des Gesichts dem Säugling gegenüberstellt.

Dieses Wechselspiel lehrt das Kleinkind dann im Laufe der Monate, auch die Gefühle des erwachsenen Gegenübers zu erkennen, das Lachen, die freundliche Zuwendung, aber auch die Strenge, die abweisende Haltung und die drohende Gebärde. Dazu lernt es, »bekannt« und »unbekannt« zu unterscheiden. Das bildet gewissermaßen die Grundlage für die Kontaktfähigkeit.

Vermutlich sind die Berührungsempfindung und später auch das visuelle Erleben die wichtigsten sensorischen Eindrücke zum Aufbau der Kontaktfähigkeit. Aber auch blinde Kinder, die nicht sehen können, nehmen über die taktile Empfindung, das Gehör und den Geruch eine schließlich intensive Beziehung zu ihrer Umwelt auf.

Jede wirkliche Erziehung, die den Namen verdient, baut auf dem Erkennen der Reaktionen des mit dem Kind zusammenlebenden Erwachsenen auf. Schon das Kleinkind kann erkennen, ob der Erwachsene seine Handlungen zustimmend, freudig und bekräftigend begleitet oder ablehnend, traurig oder gar zornig.

Das Kind wird zwar bis zum Alter von etwa einem Jahr oder

auch etwas mehr immer wieder probieren, ob diese Reaktion regelmäßig auszulösen ist oder nicht. Erfolgt sie hinreichend regelmäßig, wird es sich in seinem Verhalten danach einrichten und die negativen Reaktionen zu vermeiden suchen, das heißt, es wird sich in seinem Verhalten den Wünschen des Erwachsenen anpassen. Das ist ein längerer Prozeß, der nicht ohne Schwierigkeiten und Probleme abläuft, aber in der Regel schließlich doch zur Anpassung des Kindes an die Erwartungen der Erwachsenen führt. Die Voraussetzung ist natürlich, daß die Erwachsenen, wenn es nicht nur eine einzelne Person ist, einigermaßen übereinstimmend reagieren und auch hinreichend regelmäßig in der gleichgerichteten Weise antworten.

Das betrifft aber nur die Beziehung zwischen dem Kinde und den es umgebenden Erwachsenen, die größer, stärker und intelligenter sind als das Kind. Ein Kind lernt aber auch von anderen Kindern, mit denen es zusammen aufwächst, mit denen es sich um die Zuwendung der Eltern auseinandersetzt und rivalisiert und schließlich eine ihm zu Gebote stehende Möglichkeit findet, diese Zuwendung auch neben dem Partner und Konkurrenten zu erreichen.

Die anderen Kinder sind in einer natürlichen Familie mit mehreren Kindern unterschiedlich alt. Es gibt die überlegenen Älteren und die schwächeren Jüngeren. Die Jüngeren versuchen es den Älteren gleichzutun, sie nachzuahmen und alles, was diese können, auch leisten zu können. Die Älteren setzen sich zwar meist mühelos gegen die Jüngeren durch, sie fühlen sich aber auch, häufig auch im Auftrag und auf Bitten der Eltern, für die Jüngeren verantwortlich. Diese Verantwortung erlernen sie dadurch, daß sie sich mit den Verhaltensweisen von Vater und Mutter identifizieren und deren Verhalten den kleineren Kindern gegenüber nachahmen möchten.

Auf die Weise lernen diese Kinder sehr früh, positiv wie negativ, die Gefühle des anderen wahrzunehmen, und sie können sich darauf einstellen. Es ist das gemeinsame Aufwachsen mit anderen Kindern, nicht mit gleichaltrigen, also nicht mit dem Zwillingsgeschwister oder Drillingsgeschwister, sondern mit älteren und jüngeren Geschwistern in einem Familienverband, welches die Fähigkeit der Empathie im wesentlichen heranbildet. Auch bei Zwillingen übernimmt meist bald einer von beiden die dominierende Rolle.

Wahrscheinlich ist dieses Erlebnis eine Hilfe dabei, die autistische Selbstbezogenheit, das Beschränken auf die eigene Person zu überwinden, weil die Kinder in der Auseinandersetzung mit den älteren und jüngeren Geschwistern und in deren Verhalten und Reagieren allmählich die Wirkung ihres eigenen Handelns auf das Geschwisterchen erfahren und umgekehrt erleben, daß sie selbst für das andere Kind, für das Geschwister, eine vergleichbare Rolle spielen. Sie lernen, daß sie eines neben anderen Kindern sind und nicht isoliert in ihrer Welt dastehen.

Natürlich lernt das Kind dies nicht nur an den eigenen Geschwistern, sondern ebenso, wenn auch nicht so intensiv, an Kindern der Nachbarschaft und natürlich auch an den Erwachsenen, deren gegenseitiges Verhalten, die Art und Weise ihres Umgehens miteinander, es miterlebt.

Die veränderte Welt des Kindes

Die Welt hat sich aber gewandelt, und es gibt immer weniger Kinder, die eine solche Erfahrung von gegenseitiger Verantwortung füreinander, von gegenseitiger Hilfe und Verpflichtung, aber auch von gegenseitigem Verstehen und sich ineinander Einfühlen von klein auf erleben können.

Im Laufe unseres Jahrhunderts, das jetzt zu Ende geht, sind die Familien immer kleiner geworden. Waren es zu Beginn dieses Jahrhunderts noch durchschnittlich vier Kinder, die in jeder Familie lebend zur Welt gekommen und aufgewachsen sind, so sind es heute noch durchschnittlich etwa eineinhalb. Die durchschnittliche Kinderzahl hat sich offenbar inzwischen auf einem niedrigen Niveau wieder stabilisiert. Allein in den letzten 20 Jahren ist in der Bundesrepublik Deutschland damit die Zahl der Einzelkinder um über sieben Prozent angestiegen. Auch die Zahl der Familien mit zwei Kindern hat um etwa neun Prozent zugenommen, aber Familien mit drei Kindern beinahe um 30 Prozent abgenommen, und vier und mehr Kinder sind 1991 im Vergleich zu 1970 um 64 Prozent weniger geworden: 1970 gab es noch fast 900.000 Familien mit vier und mehr Kindern, 1991 nur noch 321.000. Die Zahl der Familien mit einem Kind beträgt jetzt in der Bundesrepublik 5,4 Millionen und die Zahl der Familien mit zwei Kindern 3,8 Millionen.[1]

Etwa ein Drittel aller Kinder wachsen als Einzelkinder, und nur jedes 20. Kind wächst in einer Familie mit vier und mehr Kindern auf. Die Prognose des Statistischen Bundesamtes geht dahin, daß im Jahr 2030 die Zahl der Einkindfamilien 39 Prozent, der Zweikinderfamilien 51 Prozent, der Dreikinderfamilien 33 Prozent und der Vier- und Mehrkinderfamilien noch gerade 22 Prozent von den Zahlen des Jahres 1970 betragen werden.[2]

Es gibt also weniger Kinder als früher, die gemeinsam mit mehreren Geschwistern aufwachsen können.

Untersuchungen haben zwar ergeben, daß die Mehrheit junger Ehepaare sich Kinder wünscht, zumindest eines, meist zwei. Aber offenbar wird dieser Wunsch oft nicht realisiert. Wenn das Kinderkriegen in einer Ehe nicht ein selbstverständlicher Inhalt ist, sondern das Ergebnis langer Überlegungen und Abwägungen, dann kommt eben oft etwas dazwischen, und man schiebt es hinaus, bis es zu spät ist.

Eine solche Entwicklung bedeutet, daß die Kinder dieser Einzelkinder einmal die Begriffe »Onkel«, »Tante«, »Vetter« und »Base« nicht mehr kennen werden. Sie sind also eigentlich gar nicht mehr in einen Familienverband eingebunden und kennen als Verwandtschaft nur noch die Vorfahren in direkter Linie. Dazu kommt, daß bei den Einzelkindern natürlicherweise der

Anteil derer, bei welchen beide Eltern berufstätig sind, größer ist als bei anderen Kindern. Das gilt vor allem für Kinder, die mit einem alleinerziehenden Elternteil aufwachsen. Dieser muß in 85 bis 90 Prozent der Fälle berufstätig sein.[3]

Das Familienleben beschränkt sich damit ganz von selbst auf den Abend und auch noch auf das Wochenende, sofern die Eltern sich dann die Zeit nehmen, dieses auch mit ihrem Kind gemeinsam zu verbringen. Dabei ist es nicht so sehr das Kleinkindalter, während welchem das Zusammensein von Eltern und Kind schwierig ist. Nach neueren Untersuchungen sind die Kinder im Schulalter diejenigen, die ihre voll berufstätigen Eltern am meisten vermissen müssen.[4]

Ein solches Kind wird sich aber von vornherein viel mehr nach den Bedürfnissen der Erwachsenen richten müssen, als wenn ihm die Möglichkeit geboten wäre, sich seine Zeit, seinen Raum und seine Tätigkeit wirklich nach den eigenen Bedürfnissen auszugestalten.

In einem Kriminalroman, der in einem Reservat der Navajo-Indianer spielt,[5] las ich einmal, daß es unter diesem Indianerstamm eines der stärksten Schimpfworte bedeute, wenn man von einem sage, er benehme sich wie einer, der keine Verwandten habe. Offenbar ist es für das Benehmen eines Menschen nicht gleichgültig, ob er Verwandte hat oder nicht.

Es hat sich aber im Laufe dieses Jahrhunderts auch noch in anderer Weise die Situation der Familie verändert: Vor etwa 100 Jahren lebte der größte Teil der Bevölkerung noch auf dem Lande, die Eltern arbeiteten also in der Landwirtschaft oder im Handwerk. Zwar hat die Industrialisierung natürlich schon im letzten Jahrhundert begonnen und damit die Trennung von Wohnort und Arbeitsplatz. Und dennoch war der Anteil derjenigen Kinder, welche das Arbeitsleben ihrer Eltern unmittelbar miterleben konnten und sich auch daran beteiligen mußten, sehr viel höher als heute.

Nach und nach kam es jedoch zu einer immer mehr zunehmenden Trennung von Erwachsenenwelt und der Welt der Kinder und Jugendlichen, eine Entwicklung, die auch heute noch lange nicht abgeschlossen ist.

War es zu Beginn des Jahrhunderts noch üblich, daß der größte Teil der Jugendlichen nach Abschluß der siebten oder achten Volksschulklasse erwerbstätig wurde, sei es als Arbeiter in Landwirtschaft oder Industrie oder auch als Lehrling in der Ausbildung zum Handwerker, und nur ein kleiner Anteil weiterführende Schulen und schließlich gar die Universität besuchte, so ist dieser letztere Anteil heute sehr viel größer geworden. Etwa die Hälfte aller Jugendlichen besucht auch nach dem Abschluß der Schulpflicht eine weiterführende Schule. Die Anforderungen an differenzierte Berufe werden immer höher und ihre Ausbildungszeit immer länger, so daß viele erst »erwachsen«, das heißt sozial selbständig werden und eigenes Geld verdienen können, wenn sie längst über 20, ja manchmal beinahe 30 Jahre alt geworden sind.

So lange werden sie aber in aller Regel aus der Erwachsenenwelt ausgeschlossen. Die Ausbildung, auch die praktische, hat sich aus der echten Produktion entfernt. Ausbildungen sind fast überall Sandkastenspiele geworden.

Dadurch werden junge Menschen sozial erst voll anerkannt, wenn sie schon längst erwachsene Menschen geworden sind.

Demgegenüber kannte ich einen Juristen, der als Professor an einer Universität bei seiner Abschiedsvorlesung berichtete, daß er mit 21 Jahren bereits Staatsanwalt gewesen ist. So etwas ist heute undenkbar geworden.

Das soziale Lernen heute

Was steht nun den heute heranwachsenden Kindern gewissermaßen als Ausgleich für die fehlenden Geschwister zur Verfügung?

Die Tendenz, die Kinder möglichst früh, also im allgemeinen mit etwa drei Jahren, in den Kindergarten zu schicken, nimmt zu, da ja beide Eltern berufstätig sind. Ein Teil der Kinder bringt den Tag, schon bevor sie drei Jahre alt geworden sind, im Kinderhort zu. In beiden Einrichtungen, im Kinderhort wie im Kindergarten, ist das Kind aber fast stets in der Gruppe mit etwa gleichaltrigen Kindern zusammen. Erst wenige Kindergärten betreuen die Kinder in altersgemischten Gruppen. Gleichaltrige Kinder sind aber nicht wie Geschwister, sie sind wie Zwillinge, nur treten sie nicht einzeln auf, sondern gleich in einer großen Zahl.

Eine solche Situation unter gleichaltrigen Kindern führt zwangsläufig zu einer Rivalität. Die Kinder müssen um einen »Platz an der Sonne« buhlen, um die Beachtung der Erzieherinnen und Erzieher, und aus einer solchen Rivalität erwächst viel weniger das Gefühl der gegenseitigen Verantwortung und schon gar nicht die Fähigkeit, sich in den anderen hineinzuversetzen und mit ihm zu fühlen. Da ja die eigene Position in der Gemeinschaft nicht selbstverständlich gesichert ist, wie beim Kind in der Reihe seiner Geschwister, muß es in erster Linie um seine eigene Position kämpfen und kann sich nicht auch noch um die Kleineren und Schwächeren kümmern.

Eine solche Situation der Rivalität setzt sich dann später in der Schule nahtlos fort, wo auch die Kinder in Klassengemeinschaften, also in einer Gemeinschaft Gleichaltriger leben und lernen. Dort ist dann die Rivalitätssituation noch deutlicher, weil es Zeugnisse gibt, die das eine Kind gegenüber dem anderen in einer hierarchischen Wertskala abstufen. Es gibt die Kinder, die gute Schüler und Schülerinnen sind, solche, die zu der Mittelgruppe gehören, und solche, die schlechte Schüler und Schülerinnen sind, und das ändert sich während der ganzen Schulzeit kaum. Das erfahren sie fast jeden Tag, spätestens bei der ersten Zeugnisausgabe und dann zuverlässig jedes halbe Jahr wieder. Jedenfalls erfahren sie keine gegenseitige Verantwortung und nur ausnahmsweise auch eine Anforderung an Hilfsbereitschaft gegenüber den anderen Kindern.

Dies setzt sich dann fort in den weiterführenden Schulen und im Studium, überhaupt in fast jeder Ausbildung und in vielen Berufen, bis der Zwang zur Rivalität, sich gegenüber den anderen zu behaupten, durchzusetzen und besser zu sein als die anderen, erst im Rentenalter endet, manchmal aber auch dann noch fortgesetzt wird, weil man es ja gar nicht anders kennt.

Das müßte nicht unbedingt so sein: Ich hatte früher einmal den Lehrern vorgeschlagen, sie sollten dem Klassenprimus seine wohlverdiente »1« erst dann geben, wenn er dazu beigetragen hat, daß der Schwächste der Klasse von der Note 5 auf eine 4 kommt. Das war natürlich eine Illusion, denn das wäre gegen das Schulgesetz, und auch die Eltern würden sich dagegen wehren. In den weiterführenden Schulen, den Gymnasien, ist diese Rivalität besonders schlimm geworden, seit es einen Numerus clausus für viele Studienfächer der Universität gibt.

Die naheliegende Reaktion der Lehrer und Schulbehörden an den höheren Schulen wäre gewesen, eine auf die Kommastelle genaue Benotung abzulehnen und sich auf die Feststellung zu beschränken: »Abitur bestanden« oder: »Abitur nicht bestanden«. Damit wäre der grundsätzliche Zugang zum Hochschulstudium gewahrt geblieben, und die Universitäten hätten, wie das in anderen Ländern durchaus üblich ist, ihre Kandidaten selbst heraussuchen können. Daß dies hierzulande von Lehrern und Schulministerien abgelehnt wurde, hat unter anderem wohl seinen Grund darin, daß die hier übliche Zeugnisgebung der Bedeutung der Schule für die Zukunft ihrer Kinder einen immer größeren Stellenwert einräumte und den Lehrern auch Macht zukommen ließ. Und auf Macht verzichtet kaum jemals einer freiwillig.

Kürzlich beklagte ein 16jähriger Gymnasiast aus Landau: »Die Schule erzieht zu egoistischen Alleingängern in unserer Ellenbogengesellschaft, statt aus einem Schüler einen Menschen zu machen, der fähig ist, mit anderen umzugehen.«

So kam es, daß zunächst in den Gymnasien das Schulzeugnis eine immer größere Bedeutung gewann. Dessen waren sich keineswegs nur die Eltern bewußt, sondern sehr wohl auch die Schüler selbst. Dies schlug dann durch bis auf die Grundschulen, und ich erinnere mich, wie mich die Mutter eines eben eingeschulten Kindes in der Sprechstunde fragte: »Herr Professor, was kann ich tun, damit mein Kind einmal den Numerus clausus schafft?«

Auch lernen Kinder schon in der Grundschule, lange bevor sie das Dezimalsystem kennen, ihre eigenen Schulzeugnisse mit Angabe der Stelle hinter dem Komma wiederzugeben.

Solche Zeugnisse führen aber unausweichlich dazu, daß das Kind Hans sich besser fühlt und sich besser weiß als das Kind Fritz, wenn Hans auch nur um *eine* Stelle hinter dem Komma ein besseres Zeugnis vorweisen kann. Daß es sich dabei lediglich um Leistungen in einem gewissen Fach handelt, ist dann längst vergessen. Ein Kind mit der besseren Schulnote ist nicht nur das schulleistungsfähigere Kind, sondern wohl auch das charakterlich bessere Kind – ganz stillschweigend wird das vorausgesetzt.

Diese Rivalität schlägt aber nicht nur bis zur Grundschule durch, sondern wirkt sich auch schon im Kindergarten aus, wenn es darum geht, ob das Kind wohl für die Einschulung die nötige Schulreife aufweise. Auch das Verhalten des Kindes im Kindergarten wird unter dem Gesichtspunkt seiner späteren Schulfähigkeit betrachtet.

Ich kenne eine ganze Anzahl von Fällen, in denen die Erzieherinnen und Erzieher im Kindergarten in bester Überzeugung die Eltern darauf hinwiesen, daß ihr Kind aufgrund seines Verhaltens und seiner Anpassungs- und Lernfähigkeit im Kindergarten kaum Chancen hätte, später in der Normalschule mitzukommen. Die Kinder, an die ich hier denke, haben später fast alle das Abitur bewältigt. Dieser Irrtum hat seinen Grund darin, daß es früh entwickelte und spät entwickelte Kinder gibt, daß es Kinder mit Teilleistungsstörungen gibt, die sie später zum Teil gut ausgleichen können oder die in der Schule eine geringere Rolle spielen. Eine solche Prognose ist zwar immer schwierig, dennoch wird sie erwartet und ist auch grundsätzlich nötig, um die Möglichkeiten einer erfolgreichen und gezielten Förderung nicht zu verpassen.

Jedenfalls greift der Rivalitätsgedanke auch im Kindergarten bereits Platz, und das führt dazu, daß weniger Solidarität, Verantwortungsbewußtsein und Mitgefühl gefragt sind als Leistung, und zwar bessere Leistung als die des Kindes nebenan.

Manche Leute meinen, dieses Vordringen der Rivalität, das Konkurrenzdenken und die Vernachlässigung der Solidarität sei eine Forderung der unser ganzes Leben und unsere Politik bis in die Schulpolitik hinein bestimmenden Wirtschaft. Ich denke, das ist nur die halbe Wahrheit. Natürlich lebt die Wirtschaft von der Konkurrenz – soweit sie diese nicht durch offene und heimliche Kartellbildung zu umgehen sucht –, aber auch sie benötigt tatsächlich nicht den rücksichtslosen Ehrgeizling, der nur seine eigene Position im Blick hat und mit niemandem erfolgreich zusammenarbeiten kann, sondern denjenigen, der zu Zusammenarbeit und Gemeinschaftsgefühl fähig ist.

Hierfür gibt es ein gutes Beispiel: Von der Grundschule bis zum Staatsexamen ist Abschreiben in der Schule verboten, ja, es ist geradezu ein kriminelles Delikt. Unmittelbar nach der letzten Prüfung aber wird für alle, die in ihrem Beruf in einer Gemeinschaft mit anderen zusammenarbeiten müssen, »Abschreiben« zur höchsten Pflicht und Tugend: Der Anfänger muß bei den anderen zuschauen und lernen, wie die erfahrenen Kollegen es machen.

Damit wird deutlich, daß die Benotung und die Herstellung einer Hierarchie gar nicht einem späteren Lebensbedürfnis entgegenkommen, sondern daß sie ganz im Gegenteil Selbstzweck geworden sind, um überhaupt die Möglichkeit einer Auslese zu schaffen. Deswegen beschränkt sich auch die Notengebung auf Leistungen, die zählbar und bewertbar sind. Auch Solidarität und Gemeinschaftsarbeit wären eine wichtige Leistung, aber sie sind kaum zu bewerten. Dazu kommt, daß die Schulen sich gegenüber verwaltungsgerichtlichen Klagen schützen müssen. Jedes Zeugnis muß begründbar sein und darf nicht mehr dem willkürlichen Eindruck eines Lehrers entspringen, der vielleicht das eine Kind mehr schätzt als das andere. Auch das ist zwar eine Illusion, weil er bei dem Kind, das er gut leiden kann, ganz unbewußt einige Fehler übersehen wird, beim anderen dagegen nicht. Jedenfalls wird Verantwortungsgefühl, Gemeinschaftsgeist und Hilfsbereitschaft in keinem Schulzeugnis so bewertet, daß es unter dem Strich etwas bewirkt. Aber gerade diese Fähigkeiten benötigt im Grunde auch die freie Wirtschaft bei ihren Mitarbeitern.

Die Zunahme der »ungewollten Rücksichtslosigkeit«

Alltägliche Beobachtungen

Wir können also feststellen, daß wir das Phänomen, das der Taxifahrer eingangs so klar beschrieben hat, ein »Nicht-an-die-anderen-Denken« – gewissermaßen eine ungewollte Rücksichtslosigkeit, ein sich Nicht-in-die-anderen-hineinfühlen-Können –, tatsächlich bei uns und unseren Mitmenschen im Alltag offenbar häufiger und ausgeprägter beobachten müssen als früher.

Dafür noch einige Beispiele:

Wenn ich in der S-Bahn oder in der Straßenbahn fahre zu einer Zeit, in der diese voll besetzt ist, fällt mir auf, daß es kaum vorkommt, daß ein jüngerer Mensch einem älteren seinen Platz anbietet. Wer einen Sitzplatz gefunden hat, scheint ein absolutes Recht darauf zu haben, ihn auch zu behalten, bis er aussteigen wird. Auch hat man gar nicht den Eindruck, daß der junge Mann oder das junge Mädchen ein schlechtes Gewissen hätte, wenn er oder sie alte Leute, Männer oder Frauen, neben sich stehen läßt. Das war einmal anders. Noch vor 40 oder 50 Jahren war es eine Selbstverständlichkeit, daß man einem alten Mann oder einer alten Frau seinen Platz anbot. Das kommt zweifellos auch heute noch vor, aber es ist sehr viel seltener geworden und keineswegs mehr eine Selbstverständlichkeit. Ja, es war einmal so, daß auch jederzeit ein Mann aufstand, um einer Frau, auch wenn sie nicht älter war, seinen Platz anzubieten.

Nun, das letztere hat vielleicht mit dem »Sich-nicht-in-den-anderen-Hineindenken« nichts zu tun, sondern ist mit der Forderung nach Gleichberechtigung von Mann und Frau auch nicht mehr am Platze. Das gilt aber nicht für jung und alt.

Natürlich gibt es auch dafür sachliche Gründe. So kann man argumentieren, daß ein junger Mensch, der jeden Tag eine halbe oder eine ganze Stunde mit den öffentlichen Verkehrsmitteln zum Arbeitsplatz fahren muß, praktisch jeden Tag diese Fahrzeit stehend verbringen müßte, weil ja regelmäßig ältere Personen auch in die S-Bahn oder Straßenbahn einsteigen. Aber das gilt im Grunde natürlich auch für den alten Mann oder die alte Frau, die möglicherweise auch jeden Tag diese Strecke zurücklegen müssen. Bemerkenswert ist dabei, daß der jüngere gar nicht auf den Gedanken kommt, daß der ältere Mensch vielleicht unter dem Stehenmüssen leidet und dies ihm zumindest schwerer fällt als ihm, dem jüngeren.

Oder ein anderes Beispiel:

Es kann sich wiederum in der Eisenbahn abspielen, oder auch in einer Gaststätte, einem Restaurant. Da sitzt eine Gruppe von Menschen und unterhält sich, vielleicht sind es nur zwei Geschäftsleute, die im ICE in der 1. Klasse im Großraumwagen sitzen. Sie unterhalten sich ungeniert in einer Lautstärke, die ihre ganze Umgebung zwingt, zuzuhören, ob sie will oder nicht. Auch diese Gruppe kommt gar nicht auf den Gedanken, daß sie den anderen Mitreisenden im Großraumwagen oder in der Gaststätte lästig ist, weil diese sich in ihrem – leiseren Gespräch – vielleicht gestört fühlen könnten oder lieber an andere Dinge denken möchten als an das, was die Gruppe lautstark einander mitzuteilen hat. Dies ist keineswegs nur bei Gruppen von jüngeren Menschen zu beobachten, sondern auch durchaus bei Erwachsenen und solchen, die sehr erstaunt wären, wenn man ihnen sagen würde, daß sie sich unhöflich und rücksichtslos benehmen. Sie nehmen gar nicht wahr, wie sie auf ihre Mitmenschen wirken und wie sie diese beeinträchtigen.

Das gleiche gilt auch für die völlig unbekümmerte Benutzung der Handys, sei es im Zugabteil – solange der Zug noch nicht fährt –, im Großraumwagen oder in den VIP-Lounges am

Flughafen. Überall wird man unfreiwilliger Ohrenzeuge von Telefongesprächen, die ihrer Art nach eigentlich Zweiergespräche sind. Keiner kümmert sich darum, ob die anderen das eigentlich hören wollen. Manchmal ist man überdies im Zweifel, ob am anderen Ende der Leitung überhaupt ein Teilnehmer vorhanden ist oder ob der lautstarke Telefonierer nur seine weltweite Wichtigkeit demonstrieren möchte.

Wertewandel

Dies waren nur recht banale Beispiele, und viele hätten die vorschnelle Anwort parat: Die sind eben unerzogen, oder sie würden das Ganze als ein typisches Beispiel für einen Verfall der Sitten bestätigen.

Ich denke, man sollte nicht von einem Verfall der Sitten sprechen oder von einem Verlust der Werte, wohl aber vielleicht von einem Wertewandel und einer Änderung der Sitten. Denn auch die moralischen Werte und die Sitten sind einem Wandel unterworfen und bleiben nicht für alle Zeit bestehen. Auch wir mokieren uns gerne über die Sitten und Verhaltensweisen unserer Großeltern, wenn wir etwa an die Prüderie der Viktorianischen Zeit um die Jahrhundertwende denken mit ihren Bekleidungsvorschriften oder gar den Baderegeln an der Nordsee mit den Badewagen, so wie die Menschen damals entrüstet gewesen wären, wenn sie die Menschen heute in ihrer Badebekleidung oder auch ohne diese am Meeresstrand beobachten könnten. So ist es auch noch gar nicht so lange her, daß beispielsweise aus einer uralten Tradition heraus es für eine Frau verboten war, in ein Bergwerk einzufahren.

Die Verantwortung für den anderen, die Solidarität, ist offenbar einer der Werte, die gegenüber früher an Bedeutung verloren haben. Ein gutes Sozialsystem, wie wir es in der Bundesrepublik haben, ist zwar durchaus Ausdruck einer Verantwortlichkeit der

Gemeinschaft gegenüber dem sozial Schwachen und stellt einen hohen moralischen Wert dar. Aber dadurch, daß die Gemeinschaft, also die Gemeinde, das Land und der Staat, diese Verantwortung übernommen haben, gilt dies nicht mehr in gleichem Maße für den einzelnen.

Hinzu kommt, daß die Notwendigkeit und damit auch der hohe moralische Wert unseres Sozialsystems erneut in Frage gestellt werden. Es drängt sich einem dabei der Eindruck auf, daß die knapper werdenden Geldmittel nicht der eigentliche Grund dafür sind, sondern eher der willkommene Anlaß, eine allmählich lästig gewordene Solidarität langsam aufzukündigen.

Auch das war früher anders. Maxim Gorki erzählt aus seiner Kindheit,[6] mit welcher Selbstverständlichkeit ein Bettler von denen, die dazu in der Lage waren, kleine Hilfen, einen Teller Suppe, ein Kleidungsstück oder ein paar Kopeken bekam. Der Bettler hatte gewissermaßen ein ungeschriebenes Recht auf eine solche kleine Hilfe. Es waren sozusagen freiwillige Sozialabgaben. Wem es möglich war, der gewährte sie, schon weil er nie sicher sein konnte, selbst einmal auf solche Almosen angewiesen zu sein. Tatsächlich wurde Maxim Gorkis Vater, ein reicher Handwerksmeister, später auch zum Bettler.

Wir haben uns inzwischen angewöhnen können, daß die Sozialgemeinschaft für die Bedürftigen zuständig ist und ihnen helfen muß, so daß diese uns nicht mehr unmittelbar etwas angehen. Wir bezahlen ja dazu unsere Steuern oder spenden – steuerabzugsfähig – bei den großen Hilfswerken. Es entsteht so eine große Distanz zwischen dem Bedürftigen und denen, die nicht auf fremde Hilfe angewiesen sind. Die Übernahme der Verantwortung für den Schwachen durch den Staat entlastet den einzelnen, denn er muß kein schlechtes Gewissen mehr haben, wenn er einen Obdachlosen unter einer Brücke sitzen sieht.

Die Entlastung vom schlechten Gewissen ist aber nicht das entscheidende Hindernis, um Einfühlungsfähigkeit zu erlernen. Sie ist vielmehr nur eine Bedingung, die die Einfühlungsfähigkeit nicht mehr in Anspruch nimmt, das Mitleid unnötig macht. Dieses muß schon früher, in der Kindheit, erworben werden.

Mitgefühl und Einfühlungsfähigkeit sind offenbar nicht mehr nötig. Wir brauchen — scheinbar — in der Kindheit diese Fähigkeiten nicht mehr unbedingt zu erlernen und bleiben, wenigstens in diesem kleinen psychischen Bereich, auf der Entwicklungsstufe des Kleinkindes stehen. Es besteht — in diesem Bereich — kein Zwang mehr, erwachsen zu werden.

Die fehlende Bereitschaft, die Kindheit zu verlassen

Von der Unwilligkeit, erwachsen zu werden

Wir haben gesehen, daß ein Kind erst lernen muß, sich in die anderen Menschen einzufühlen, deren Bedürfnisse zu erkennen und zu respektieren. Tatsächlich entspricht eine solche Unfähigkeit, eine solche egozentrische Betrachtungs- und Erlebnisweise einem ganz normalen Durchgangsstadium des Kleinkindalters. Das Kind kann in dieser frühen Phase noch nicht von sich selbst abstrahieren und sich als einen Menschen unter vielen anderen, gleichartigen Menschen verstehen. Es sieht sich selbst als Mittelpunkt und bezieht unausweichlich alles, was es um sich herum sieht, hört und erlebt, auf sich selbst.

Das Kind personifiziert beispielsweise in diesem Alter – und auch noch darüber hinaus – auch leblose Gegenstände, etwa das »Gesicht« eines Hauses, als unfreundlich oder bedrohlich, und damit ist dieses Haus für das betrachtende Kind böse und bedrohlich. Es kann sich noch nicht vorstellen, daß dieses Haus, auch wenn es böse und bedrohlich wäre, gar nichts mit ihm, dem Kind, zu tun haben muß.

Diese Entwicklungsphase wird von jedem Kinde nach einiger Zeit allmählich überwunden. Manche Menschen können sich noch an den Zeitpunkt in ihrer frühen Kindheit erinnern, wo sie sich plötzlich darüber Gedanken gemacht haben, daß sie selbst ja eine einzelne Person in einer großen Gemeinschaft von Menschen sind. Das Kind denkt plötzlich: »Warum bin eigentlich ich ich?« Dies ist der Zeitpunkt, an dem es sich nicht mehr uneingeschränkt als Mittelpunkt erlebt, sondern als eines der vielen Glieder dieser menschlichen Gemeinschaft.

Eine solche Entwicklung geht ganz allmählich vor sich. Das

Kind lernt mit der Zeit, sich selbst gewissermaßen von außen zu betrachten und auch ein Empfinden dafür zu bekommen, wie es auf seine Mitmenschen, auf seine Eltern, Geschwister, Spielkameraden, wirkt und was diese von ihm denken könnten.

Die Kindheit mit ihrer natürlichen Selbstbezogenheit ist aber für jeden Menschen nicht nur eine Lebensphase, die er möglichst schnell durchlaufen möchte, um endlich erwachsen zu werden – ein Ziel, an das wir uns aus unserer eigenen Kindheit meist noch gut erinnern können. Die Kindheit bleibt nämlich immer dann auch ein Ort der Sehnsucht und der Zuflucht, wenn wir uns vor scheinbar oder tatsächlich nicht zu bewältigende Situationen gestellt sehen. Dann möchten wir gerne wieder ein selbstsüchtiges Kind sein.

Tatsächlich gibt es eine typische Verhaltensweise in Konfliktsituationen, die eine solche Rückkehr zur Kindheit darstellt. Das gilt schon für das heranwachsende Kleinkind, das bei der Geburt eines kleinen Geschwisterchens, welches es als Rivalen und als Bedrohung seiner privilegierten Stellung bei der Mutter empfindet, wieder beginnt, nachts einzunässen, nachdem es doch schon einige Zeit über Nacht sauber und trocken gewesen ist. Solche Rückzugstendenzen gibt es in jedem Lebensalter. Sie sind eine jedem Menschen mögliche Reaktionsweise, wenn er vor Problemen steht oder von Verlust bedroht ist.

Wir nennen diese Rückkehr in die Kindheit Regression. Besonders in der Reifeentwicklung gibt es typische psychische Störungen, die als Regressionsversuche zu interpretieren sind. Um welche Störungen handelt es sich dabei?

Die pubertären Eßstörungen

Die *Pubertätsmagersucht* ist eine psychische Erkrankung, eine typische Verhaltensauffälligkeit, die vor allem Mädchen im Alter um die Reifeentwicklung herum trifft. Manchmal beginnt sie schon mit zehn oder zwölf Jahren, meistens etwas später. Auch Jungen sind vereinzelt davon betroffen, wenngleich sehr viel seltener.

Die Mädchen weigern sich allmählich oder manchmal auch ziemlich plötzlich, wie bisher zu essen. Sie verweigern weitgehend die Nahrung und beschränken sich gewissermaßen auf das Nötigste, auch wollen sie nicht mehr gemeinsam mit der Familie, den Eltern und Geschwistern, am Tisch sitzen.

Ausgelöst wird diese Verhaltensweise nicht selten dadurch, daß in der Schule irgend jemand eine Bemerkung gemacht hat, das Mädchen solle doch nicht so viel essen, sie werde sonst zu dick. Das Mädchen kann aber auch ohne solchen äußeren Anstoß und ohne ersichtlichen Grund beginnen, nur noch ganz wenig zu sich zu nehmen.

Die betroffenen Mädchen oder auch Jungen wollen ganz bewußt an Gewicht abnehmen und erleben sich selber immer viel dicker, als sie tatsächlich sind. Selbst wenn sie nur noch Haut und Knochen sind und wie ein wandelndes Skelett aussehen, finden sie sich in dieser Weise schöner als ihre Altersgenossen mit einem normalen Gewicht.

Es gibt in jedem Fall, zumindest zunächst, heftige Auseinandersetzungen mit den Eltern, die dem Kind zureden oder es gar zwingen, zu essen, wobei die magersüchtigen Mädchen eine hohe Energie entfalten, ihre Mangeldiät durchzusetzen und durchzuhalten, gegen alle Widerstände und Maßnahmen der Erwachsenen.

In aller Regel sind dies gutbegabte, fleißige Kinder, die sich in der Schule große Mühe geben und Erfolg haben und sich auch sonst, von ihrem Essen abgesehen, durchaus gut angepaßt verhalten. Allerdings ziehen sie sich von den Kontakten zu Gleichaltrigen immer mehr zurück.

Die Gewichtsabnahme fördern sie über die eingeschränkte Ernährung noch dadurch, daß sie sich motorisch sehr verausgaben, sich ständig Bewegung verschaffen und dadurch zusätzlich noch an Gewicht verlieren. Sie können auf diese Weise in lebensbedrohliche Zustände geraten und müssen unter Umständen mit Zwang künstlich ernährt werden, will man sie am Leben erhalten.

Dabei möchten sie keineswegs sterben und haben auch tatsächlich keinen Hunger. Das Essen, ja schon die Vorstellung davon erweckt bei ihnen Ekelgefühle. Sie kennen sich mit dem Nährwert der Speisen oft sehr genau aus, kennen den Kalorienwert jeder einzelnen Mahlzeit und berechnen auf diese Weise das vermeintliche Existenzminimum.

Gleichzeitig mit der Gewichtsabnahme kommt es regelmäßig auch zum Ausbleiben der monatlichen Periode, sofern diese bereits eingesetzt hat.

Der Verlauf ist unterschiedlich. Es gibt leichte und nur vorübergehend auftretende Formen, die von allein wieder verschwinden, meistens müssen sich die Betroffenen aber einer längerfristigen kinderärztlichen oder kinderpsychiatrischen Behandlung unterziehen, die oft nur außerhalb der Familie in stationärem Rahmen erfolgreich durchgeführt werden kann. Von wenigen Todesfällen abgesehen wird die Magersucht als solche allmählich überwunden, wobei viele jedoch zeitlebens mit dem Essen Probleme haben, oft schließen sich aber auch andere seelische Störungen an. Ein Teil dieser Jugendlichen heilt aber schließlich die Magersucht aus, die Mädchen bekommen wieder ihre Periode, manche heiraten später und können auch Kinder bekommen. Dann ist die eigentliche Krankheit tatsächlich überwunden.

Die genaue Ursache ist im einzelnen nicht bekannt, insbesondere ist eine Störung der Blutdrüsenfunktion als Ursache nicht bekannt. Die Veränderungen, die hier zu beobachten sind, können auch als Folge der Unterernährung interpretiert werden.

Die allgemein anerkannte Theorie geht davon aus, daß diese Jugendlichen Angst vor dem Erwachsenwerden haben. Für Mädchen bedeutet die Zunahme des Körpergewichts, vor allem die

Entstehung der sekundären Geschlechtsmerkmale, die Brustbildung wie die Rundung der üblichen Körperformen, eine sichtbare Entwicklung zur erwachsenen Frau. Dies aber möchten sie offenbar vermeiden. Sie wirken auch, nicht nur durch die Abmagerung, sondern durch ihr Verhalten, über ihr Alter hinaus als Kinder.

Tatsächlich kann man psychopathologisch eine Angst vor der Rolle der Frau feststellen, die unbewußt nicht selten von den Eltern, vor allem auch von den Müttern gefördert wird, die ihrerseits Angst davor haben, daß die Tochter erwachsen werden und sie verlassen könnte.

In einzelnen Fällen ist die Magersucht auch eine Reaktion auf befürchtete oder tatsächliche sexuelle Attacken durch den Vater oder auf eine allgemeine Angst vor sexuellen Anforderungen, denen die Mädchen ausgesetzt zu werden befürchten. Man kann ihr Verhalten so interpretieren, daß sie durch die Verweigerung der Entwicklung zur Frau diesen sexuellen Anforderungen entgehen wollen. Dies gilt aber nicht nur für konkrete sexuelle Mißbrauchshandlungen, das gilt genauso für vermutete und phantasierte Vorstellungen von der auf sie zukommenden Rolle als Frau, von den Erwartungen, die von den Männern möglicherweise und befürchteterweise auf sie zukommen könnten. Dabei spielt das Vorbild der Mutter, deren Stellung innerhalb der Familie und in der weiteren Gesellschaft eine nicht unwesentliche Rolle.

Als ich in den 50er Jahren noch junger Assistent an der psychiatrischen Klinik war, war eine Pubertätsmagersucht ein außergewöhnliches Ereignis, und man beachtete sie als zwar bekanntes, aber seltenes Krankheitsbild. 20 Jahre später, in den 70er Jahren, konnten sich die kinder- und jugendpsychiatrischen Kliniken vor Neuanmeldungen pubertätsmagersüchtiger Patientinnen kaum mehr retten.

Inzwischen hat man besser gelernt, mit diesem Krankheitsbild umzugehen, auch kann es in vielen Fällen ambulant behandelt werden, so daß es jetzt nicht mehr in dieser Häufigkeit aufzutreten scheint. Es kommt aber immer noch weit häufiger vor als in den Jahrzehnten zuvor.

Diese Form der Pubertätsmagersucht wurde in den letzten 20 Jahren ergänzt durch das neurotische Störungsbild der *Bulimie*, der »Kotz-Freß-Sucht«. Sie tritt häufiger erst nach der Pubertät bei jungen Frauen auf und ist weniger auffällig, weil die betreffenden Patientinnen nicht abnehmen: Sie essen sehr viel und erbrechen das Aufgenommene alsbald wieder. Es bleibt aber dem Körper so viel von der Nahrung übrig, daß er nicht an Gewicht verliert. Die jungen Frauen fallen allenfalls dadurch auf, daß sie stets heimlich den Kühlschrank leeren oder daß sie, wenn sie sich die Ausgaben für die großen Mengen von Nahrungsmitteln nicht leisten können, anfangen, das Essen in den Supermärkten zu stehlen. Sie leiden aber außerordentlich unter dem Zwang, zu essen und zu erbrechen, dem sie meinen, nicht widerstehen zu können.

Auch diese Frauen haben offenbar Probleme mit dem Erwachsenwerden, insbesondere mit der Rolle einer erwachsenen Frau.

Das fast explosionsartige Auftreten vieler Fälle von Pubertätsmagersucht Ende der 60er und Anfang der 70er Jahre war eine Erscheinung, die in fast allen westlichen Industrienationen beobachtet werden konnte. Bei einem Gespräch mit Fachkollegen anläßlich eines Kongresses in einem Nachbarland des damaligen Ostblocks mit einer ganz ländlichen und noch an feste bäuerliche Traditionen gebundenen Bevölkerung erklärte mir ein Kollege aus dieser Gegend, daß sie keine Zunahme von Pubertätsmagersüchtigen zu beobachten hätten, wogegen der Kollege aus der damals schon wesentlich stärker industrialisierten ehemaligen DDR ebenfalls die entsprechende Zunahme dieses Krankheitsbildes bestätigen konnte.

Die Hypothese ist naheliegend, anzunehmen, daß in einer leistungsorientierten Gesellschaft, die auch die sexuelle Rolle der

Frau in Illustrierten und in Bildmedien stark betont und herausstellt, bei manchen, in ihrer psychischen Entwicklung noch retardierten Mädchen eine Erwartungsangst erweckt werden kann vor den Aufgaben, die ihnen demnächst, wenn sie erwachsen werden, entgegentreten. Dies betrifft vor allem die Erwartungen, welche die Männer in sexueller Hinsicht an sie richten könnten. Diese Erwartungen werden in der Phantasie durch die sexuell freizügigere Darstellung in den letzten Jahrzehnten erheblich gefördet und erwecken dort, wo die heranwachsenden Jugendlichen nicht die entsprechende emotionale Geborgenheit und eine positive Erfahrung mit der Sexualität frühzeitig erleben können, übersteigerte und irreale Zukunftsängste. Dagegen wehren sie sich durch den unbewußten Versuch, Kind zu bleiben.

Auch bei den selteneren männlichen Magersüchtigen ist eine solche Angst vor den Anforderungen des Erwachsenwerdens naheliegend und kann als Grund für die psychosomatische Reaktion einer Magersucht angesehen werden.

Die Schulphobie

Ein ganz andersartiges, aber tendenziell gleichgerichtetes Krankheitsbild ist die Schulphobie, wie sie mit zunehmender Häufigkeit, wenngleich viel seltener als die Magersucht, bei Gymnasiasten in der Pubertätszeit beobachtet werden kann.

Es sind in der Regel gute Schüler, öfters Schülerinnen der Mittel- oder Oberstufe eines Gymnasiums, die sich plötzlich weigern, weiterhin zur Schule zu gehen.

Diese Erscheinung für sich allein ist noch keine Neurose und keine Störung, sondern kann manchmal ein sehr gesundes Protestverhalten sein. Bei der Schulphobie ist es jedoch ganz anders: Die betreffenden Schüler und Schülerinnen möchten eigentlich in die Schule gehen, aber sie haben eine ihnen selbst nicht verständliche, unüberwindliche Angst, das Schulhaus zu betreten.

Sie unterscheiden sich also von den Schulschwänzern und denen, die einfach genug von der Schule haben und etwas anderes machen wollen. Deswegen gehen sie auch nicht, wie manche Schulschwänzer, scheinbar zur normalen Zeit zur Schule, treiben sich dann in der Stadt herum und kommen zur gewohnten Zeit zu den arglosen Eltern zurück. Nein, sie beteiligen ihre Eltern an ihrem Problem. Dies wird zunächst nicht sehr ernstgenommen, man wartet ein paar Tage, redet dem Kind gut zu und überzeugt es, daß es doch gar keinen Grund habe, nicht zur Schule zu gehen. Es verspricht auch überzeugt und überzeugend, am nächsten Tag nun tatsächlich zur Schule zu gehen, um sich dann gewissermaßen unmittelbar vor dem Schultor panisch abzuwenden und nach Hause zu eilen.

Die verunsicherten Eltern versuchen es zunächst damit, daß sie den Hausarzt um ein Attest bitten, daß ihr Kind nicht zur Schule gehen könne, und die Schule gibt sich damit auch zufrieden.

Auf diese Weise entsteht aber eine Unterbrechung in der Kontinuität des Schulbesuchs. Auch vermeidet das Mädchen oder der Junge zunehmend den Kontakt mit den Schulfreunden, weil sie in der Verlegenheit sind, nicht richtig begründen zu können, warum sie denn nicht in die Schule gehen, und deswegen allen Fragen danach aus dem Wege gehen möchten. Das steigert sich allmählich so, daß diese Kinder nur noch bei Nacht aus dem Hause gehen oder überhaupt nicht mehr. Zur Schulangst tritt eine Angst, das Haus zu verlassen, und niemand weiß so recht, warum.

Es gibt einzelne Fälle, in denen die Jugendlichen bis zu drei Jahre zu Hause geblieben sind, ohne daß etwas unternommen worden wäre. Dadurch aber wird natürlich von Tag zu Tag, von Monat zu Monat und Jahr zu Jahr die Rückkehr schwieriger, schon deshalb, weil sie vom Schul-Curriculum her gar nicht mehr zu ihren Altersgenossen passen und sie den Schulbesuch in einer Schulklasse aufnehmen müßten, in der sehr viel jüngere Kinder als sie sitzen.

Bei uns ist die soziale Entwicklung eines Menschen ganz entscheidend vom Schulbesuch abhängig, und wenn hier eine Unterbrechung stattfindet, kann unter ungünstigen Bedingungen der Anschluß an eine normale psychosoziale Entwicklung völlig verlorengehen.

In den letzten Jahrzehnten waren die Schulämter bereit, bei körperlich chronisch kranken Kindern, die wegen der Krankheit zu Hause bleiben mußten, Einzelunterricht zu genehmigen, und ein Lehrer kam zu den Kindern nach Hause. Das wurde in einzelnen Fällen auch bei der Schulphobie praktiziert. Diese Lösung hilft aber nicht darüber hinweg, daß das Kind selbst nicht sagen kann, warum es eigentlich nicht zur Schule geht, und damit auch gegenüber den Eltern, gegenüber den Verwandten, den Nachbarn und den Altersgenossen keine begründete Ausrede parat hat. Das ist bei einem körperlich chronisch kranken Kind ganz anders. Da sieht jeder das Problem. Durch den Hausunterricht wird auch beim schulphobischen Jungen oder Mädchen der soziale Kontakt mit den Altersgenossinnen und Altersgenossen nicht hergestellt, und die Isolierung von der weiteren Lebenswelt bleibt bestehen.

In manchen, weniger dramatischen Fällen gehen die Kinder dann immer wieder kurze Zeit zur Schule, brechen diesen Besuch aber wieder ab. Wenn sie gut begabt sind, können sie mit der Klasse Schritt halten, dennoch leiden sie unter ihrer eigenen Verhaltensweise und Situation und sind erkennbar psychisch gestörte Kinder.

Im Grunde steht hinter dieser Schulneurose, ähnlich wie bei der Pubertätsmagersucht, die Angst vor dem Erwachsenwerden. Die Schule ist gewissermaßen der Ort, in der man angeblich zum Erwachsenen erzogen wird, in der man reif gemacht werden soll, das Leben als Erwachsener zu bestehen und sich zu behaupten. Dieser Angst vor der Reife steht regelmäßig auch eine ängstliche, festhaltende Tendenz der Eltern gegenüber. In der klassischen Rollenverteilung, in der die Mutter noch zu Hause ist und der

Vater allein berufstätig, ist es oft eine überbesorgte Mutter, die das Kind als Kind bei sich behalten will, auch wenn sie das niemals zugibt, ja ihr es nicht einmal bewußt ist. Jedenfalls ist sie nicht in der Lage, mit liebevoll überzeugendem, konsequentem Druck das Kind zu veranlassen, seine Angst zu überwinden und doch die Schule zu besuchen. Sie will es auch nicht zwingen.

Eine solche überstarke fortdauernde Bindung an die Eltern, insbesondere an die Mutter, ist regelmäßig beim betroffenen Kind festzustellen. Dies führt aber auch dazu, daß bestimmte Möglichkeiten der Therapie, wie eine Trennung von zu Hause, gerade von Eltern und Kind möglichst vermieden werden und man sich lange Zeit mit ambulanter Betreuung und ambulanter Therapie helfen will, die manchmal auch Erfolge bringt, aber in den kritischen Fällen eben meistens nicht.

Eine Behandlung an der Wurzel des Problems, der Familie, wäre im Grunde zwar die richtige. Sie benötigt aber oft viel Zeit, die unbewußte Abwehr und den Widerstand der Eltern zu überwinden. In dieser Zeit aber verliert das Kind oft schon den Anschluß an seine normale soziale Entwicklung.

Daher ist die beste Hilfe zur Überwindung einer Schulphobie die stationäre Aufnahme in einer kinderpsychiatrischen Klinik mit einer in die Klinik integrierten Klinikschule. Der Besuch derselben ist dann außerhalb des Elternhauses meistens kein Problem, auch spielt sich gewissermaßen alles unter einem Dach ab, das Wohnen, das tägliche Leben und die Schule. Man geht auch gar nicht in die Schule, sondern die Schule kommt für alle Kinder gemeinsam ins Haus. Auch gut geleitete Internate können solche Schulphobien überwinden. Jedenfalls ist es außerhalb von zu Hause leichter, über die Angst hinwegzukommen, als im gewohnten häuslichen Rahmen.

Gelingt es nicht, die Eltern und mit ihnen auch den betreffenden Jugendlichen dazu zu bewegen, die Trennung von zu Hause zu akzeptieren, kann es in schwierigen Fällen zu einem endgültigen Ausstieg aus der normalen sozialen Entwicklung kommen, gewissermaßen zu einer unheilbaren Reifungsverweigerung.

Diese Neuroseform der Schulphobie war bei uns bis in die 60er Jahre eigentlich völlig unbekannt. Vereinzelt war sie bei Kindern im Einschulungsalter, also mit sechs oder sieben Jahren, gelegentlich zu beobachten. Bei einer sehr engen Mutter-Kind-Bindung, einer ängstlichen Mutter, die meist in dieser Hinsicht von ihrem Mann im Stich gelassen war, und einem dadurch selbst ängstlichen Kind war die Trennung zur Schule noch nicht möglich. Meistens waren diese Kinder auch vorher nicht in den Kindergarten gegangen. Auch wenn es sich hier ebenfalls um einen nicht bewältigten Reifungsschritt handelt, so ist diese Schulphobie im Einschulungsalter etwas ganz anderes als diejenige in der Pubertät und Nachpubertätszeit. Diese Kinder sind viele Jahre ohne Schwierigkeiten und mit Erfolg in die Schule gegangen. Es geht hier nicht um die Trennung von zu Hause, sondern es geht um die Trennung von der Jugend, von der Unselbständigkeit hinaus in eine ungewisse Zukunft, die bewältigen zu können man nicht mehr überzeugt ist und vor der man deswegen Angst hat.

Ich erinnere mich noch, wie ich als Assistent in wissenschaftlichen Zeitschriften aus Amerika vom Phänomen der Schulphobie gelesen und gedacht habe: typisch amerikanisch! So etwas kann bei uns nicht vorkommen. Weil der Schulbesuch ja so etwas ganz Selbstverständliches ist und nicht zur Disposition gestellt wird, kann es dazu auch gar nicht kommen. Ich hatte mich getäuscht. Es dauerte nur wenige Jahre, und die ersten Fälle solcher Schulphobien im Reifungsalter traten auch bei uns auf, und sie wurden immer häufiger.

Die »Berufsphobie«

Es gibt auch eine neue Variante der Schulphobie bei Studenten, zunehmend zu beobachten vor oder nach dem Studienabschluß. Die einen zögern das abschließende Examen hinaus, vordergründig aus meist unbegründeter Examensangst, eigentlich aber aus Angst vor dem sich daraus ergebenden Zwang, sich – mehr oder weniger definitiv – einem Beruf zuzuwenden, der das Leben möglicherweise für immer bestimmt. Die anderen brechen das Studium ohne Not ab. Wieder andere verhindern diesen Schritt in den Beruf dadurch, daß sie sich einem neuen Studium zuwenden. Dafür gibt es natürlich immer kluge Gründe, man habe mehr Chancen im Beruf, man gewinne eine breitere Bildungsbasis und anderes mehr. Im Grunde steht aber auch hier die Angst dahinter, sich festzulegen, eine konkrete Tätigkeit zu beginnen und sich dabei auch zu bewähren. Übertriebene Ansprüche an sich selbst mögen auch zugrunde liegen und damit die Angst, diesen nicht gerecht zu werden. Aber das Entscheidende ist jedoch auch hier eine Angst, erwachsen zu werden.

Die Unfähigkeit,
die Kindheit zu verlassen

Gedanken über den frühkindlichen Autismus

Das krankhafte oder unnatürliche Fehlen
des Mitgefühls

Haben wir bisher auffällige menschliche, genauer kindliche und jugendliche Verhaltensweisen kennengelernt, die ein Festhalten an der psychischen Entwicklungsstufe der frühen Kindheit bedeuten, so gibt es auch eine psychische Krankheit, die dadurch bestimmt ist, daß – wenigstens in einem bestimmten Bereich – der betroffene Mensch eine kindliche Entwicklungsstufe gar nicht zu verlassen und zu überwinden vermag.

Der Kinder- und Jugendpsychiater muß sich nicht lange besinnen, wo er der bemerkenswerten Unfähigkeit begegnet, sich in den Mitmenschen hineinzufühlen, mit ihm zu fühlen und auf diese Weise aufgrund langer eigener Erfahrung die Wirkung des eigenen Handelns auf diesen Mitmenschen im voraus zu kennen und zu berücksichtigen. Diese Einfühlungsfähigkeit fehlt beim sogenannten frühkindlichen Autismus oder ist zumindest bei ihm ganz erheblich beeinträchtigt.

Der Begriff »Autismus« stammt vom Schweizer Psychiater Eugen Bleuler, der von 1898 bis 1927 Leiter der Psychiatrischen Universitätsklinik, dem sogenannten Burghölzli, und Lehrstuhlinhaber für Psychiatrie an der Universität Zürich war. Von ihm stammt auch der Begriff »Schizophrenie«, den er 1908 einführte.[7]

Autismus kommt vom griechischen Wort autos, das »selbst« bedeutet, und damit ist eine auffallende Selbstbezogenheit gemeint. Bleulers Sohn und späterer Nachfolger an der Züricher

Psychiatrie, Manfred Bleuler, schildert im *Lehrbuch der Psychiatrie*[8] den Autismus folgendermaßen:

»Die Schizophrenen verlieren den Kontakt mit der Wirklichkeit, die leichten Fälle ganz unauffällig da und dort, die schwereren vollständig ... Dafür leben sie in einer eingebildeten Welt von allerlei Wunscherfüllungen und Verfolgungsideen. Beide Welten aber sind ihnen Wirklichkeit – manchmal können sie die beiden Arten bewußt auseinanderhalten. In anderen Fällen ist die autistische Welt für sie die Wirklichere, die andere ist die Scheinwelt.«

Daß Eugen Bleuler den Begriff »Autismus« nicht nur im Zusammenhang mit der Schizophrenie verwandt hat, zeigt eine Schrift von ihm, in der er auch der psychiatrischen Wissenschaft vorwirft, sie gerate in Widerspruch zur Realität. Er spricht darin von »autistisch-undiszipliniertem Denken«[9] und meint damit die ungenügende Kontrolle des eigenen Denkens an dem, was wir als Wirklichkeit bezeichnen. Diese Wirklichkeit ist aber letztlich nur das, was die ganz überwiegende Mehrzahl aller Menschen, mit denen wir zusammenleben, eben auch denkt.

Man könnte sich hier durchaus Gedanken machen, ob nicht eine gewisse Lösung von dieser konventionellen »Wirklichkeit« notwendig ist, um überhaupt zu einem Fortschritt im Denken und in der Wissenschaft zu kommen. Aber das steht hier nicht zur Debatte.

Autismus meint also die Selbstbezogenheit eines Menschen, der alles auf sich bezieht und sich und seine Vorstellung mehr oder weniger zum alleinigen Maßstab nimmt, diesen zumindest nicht an dem Maßstab und dem Urteil seiner Mitmenschen zu korrigieren bereit oder in der Lage ist.

Diese Eigenschaft beziehungsweise diese mangelnde Fähigkeit kommt aber nicht nur bei psychisch gestörten Menschen vor, die wir als schizophren bezeichnen, sondern es ist zunächst einmal das ganz natürliche Denken und die Weltbetrachtung des ganz kleinen Kindes. Wie schon gesagt, bezieht auch das kleine Kind zunächst einmal alles, was es sieht, hört und erlebt, auf sich selbst und ist in seiner Fähigkeit, sich in andere hineinzufühlen und mitzuempfinden, noch sehr eingeschränkt. Diese Fähigkeit erwirbt es erst aus der alltäglichen, vielfachen Erfahrung im Umgang mit den Menschen, die um das Kind herum und mit ihm zusammen leben.

Jedes psychisch gesunde und unauffällige Kind überwindet diese relativ kurze Phase des natürlichen Autismus nach und nach schon im Laufe seines zweiten oder dritten Lebensjahrs. In den folgenden Jahren lernt es zu unterscheiden, daß es eine Vorstellung von seiner Umgebung gibt, welche es mit seinen Mitmenschen teilt und mit Hilfe dieser gemeinsamen Vorstellung es sich mit diesen Mitmenschen verständigen kann, daß es daneben aber auch eine Vorstellung von der Welt und Wirklichkeit gibt, die es ganz für sich allein hat und die auch nur für das Kind, für jedes Individuum allein gültig ist. Wir sprechen in diesem Zusammenhang von einer Beziehung zu einer Hauptrealität oder einer gemeinsamen Realität auf der einen Seite, und einer Nebenrealität auf der anderen. Man kann die Nebenrealität auch als Phantasie bezeichnen. Für das Kind hat sie zunächst aber das gleiche Gewicht und den gleichen Wirklichkeitsgrad wie die sogenannte gemeinsame Realität. Deshalb bevorzuge ich die Bezeichnung »Nebenrealität«.

Jedenfalls ist die Eigenart, sich selbst als im Mittelpunkt stehend zu erleben und sich nicht oder noch nicht genügend in seine Mitmenschen einfühlen zu können, auch eine normale Eigenschaft eines Kleinkinds im Laufe seiner psychischen Entwicklung und daher zunächst einmal nichts Krankhaftes oder Abnormes. Von Krankheit oder Abnormität können wir erst dann sprechen, wenn die Tendenz, sich stets als Mittelpunkt zu sehen, auch mit dem Heranwachsen nicht oder nur ungenügend nachläßt, und die Fähigkeit, sich in andere einfühlen zu können, sich nicht oder kaum entwickelt, oder wenn diese Fähigkeiten wieder verlorengehen oder als Eigenheiten wieder bestimmend werden, obwohl sie schon einmal überwunden waren.

Es gibt aber auch eine offenbar von vornherein gestörte psychische Entwicklung, in der – neben anderen Symptomen – diese Eigenheiten sich gar nicht oder nur in ungenügender Weise ausbilden. Wir sprechen dann vom frühkindlichen Autismus und meinen damit eine schwere psychische Störung oder Krankheit.

Während des Zweiten Weltkrieges beschrieben zwei Ärzte, ganz unabhängig voneinander, ein sehr ähnliches Störungsbild. Der eine hieß Leo Kanner, stammte aus Berlin, war als Jude schon vor 1933 emigriert und lebte in den Vereinigten Staaten. Er beschrieb ein Störungsbild bei Kindern, das er als »frühkindlichen Autismus« oder »early infantile autism« bezeichnete. Etwa zur gleichen Zeit veröffentlichte ein Kinderarzt an der Universität Wien, Hans Asperger, einen Aufsatz, in dem er vor allem Jugendliche beschrieb mit charakteristischem auffälligem Verhalten, das er »autistische Psychopathie« nannte. Beide bezogen sich bei der Verwendung des Begriffs »Autismus« auf Eugen Bleuler.

Es stellte sich im weiteren heraus, daß Leo Kanner überwiegend die schwerere Form von Autismus im Auge hatte. Er beschrieb Kinder mit sehr niedriger Intelligenz oder zumindest einer von ihnen nicht zur Anwendung gebrachten intellektuellen Fähigkeit. Sie lernen meist nicht sprechen, beschäftigen sich immer mit denselben Gegenständen und wenden sich fast gar nicht ihrer Umgebung zu.

Das, was Hans Asperger beschrieb, betraf eher die leichteren Formen. Es waren Kinder und Jugendliche, die über eine hinreichende, manchmal sogar sehr gute Intelligenz verfügen, besonders in einzelnen Teilbereichen, die aber dennoch ebenfalls in ihrer Kontaktfähigkeit sehr gestört und in ihrem Verhalten auffällig sind.

Was ist frühkindlicher Autismus?

Im einzelnen werden folgende Symptome als für den frühkindlichen Autismus charakteristisch beschrieben: die *Kontaktstörung*,
der eigentliche Autismus, die Fixierung auf eines oder wenige
typische Objekte, die sogenannte *Objektfixierung*, meist verbunden mit einer typischen *Angst vor jeder Veränderung*, und eine
Störung der Sprache.

Der Schweregrad des frühkindlichen Autismus wird durch den
Schweregrad dieser Symptome bestimmt. Er kann im einzelnen
sehr ausgeprägt sein, kann sich aber auch so weit abschwächen
und verdünnen, daß sein Verhalten auch als normal und kaum
auffällig angesprochen werden kann. Auch ist nicht in jedem Fall
jedes Symptom in der gleichen Ausprägung vorhanden.

Wenn man die Symptome genau betrachtet, so entstehen sie
alle aus einer mehr oder weniger ausgeprägten Ich-Bezogenheit,
einem Egozentrismus, der, wie wir gesehen haben, im frühen
Kindesalter durchaus eine normale Durchgangsphase der psychischen Entwicklung darstellt.

Beginnen wir mit der *Kontaktstörung*, die dem Krankheitsbild
ihren Namen gab. Sie kann in schweren Fällen des Kanner-Autismus so ausgeprägt sein, daß die Kinder sich überhaupt nicht
anderen Menschen zuwenden, auch nicht ihren Eltern, sondern
gewissermaßen durch sie hindurchsehen und sie nicht wahrzunehmen scheinen. Sie lassen sich zwar von ihnen füttern und
pflegen, aber dies könnte auch, so gewinnt man zumindest von
außen her den Eindruck, ein Roboter machen, wenn er es nur
geschickt und zartfühlend genug anstellte. Vor allem müßte es
immer derselbe Roboter sein.

Die weniger schweren Fälle nehmen durchaus mit ihrer Umgebung Kontakt auf. Als Kinder benutzen sie ihre Mutter wie
ein Instrument, das ihnen etwas zu essen geben soll oder das ihre
sonstigen Bedürfnisse befriedigen kann, ohne daß sie eine wirk-

liche Beziehung zu diesem ihnen vertrauten Menschen erkennen lassen.

Leichtere Fälle gehen in ihrer Kontaktaufnahme und in ihrer Beziehung weiter, sie binden sich als Kind an eine wichtige Vertrauensperson, in der Regel ist das die Mutter, die sich um dieses Kind ja besonders kümmern muß. Sie haben aber große Schwierigkeiten, mit anderen, insbesondere ihnen fremden Menschen Kontakt aufzunehmen. Auch da, wo diese Kinder den Kontakt suchen, scheitert er oft an ihrem Verhalten. Sie richten sich beispielsweise im Spielen nicht nach ihren Spielkameraden und deren Wünschen, sondern können immer nur ihre eigene Vorstellung durchzusetzen versuchen, und wenn ihnen das nicht gelingt, ziehen sie sich sehr rasch zurück.

Man gewinnt bei manchen dieser Kinder den Eindruck, daß sie den Kontakt gar nicht haben wollen. Ich erlebte in der Klinik einmal ein etwa dreijähriges Kind, das zufrieden in seinem Bettchen lag und ein weiches Kissen vor das Gesicht hielt. Durch das Hin- und Herbewegen des Gesichtes streichelte es sich selbst mit Hilfe dieses Kissens. Durch das vorgehaltene Kissen sah es von seiner Umwelt gar nichts anderes als eben nur das Kissen, war aber offenbar damit ganz zufrieden. Wenn man ihm das Kissen wegnahm, geriet es in zornige Erregung und war erst wieder beruhigt, wenn man es ihm wieder überließ. Vielleicht war das Streicheln des Gesichts mit dem Kissen für das Kind am wichtigsten, jedenfalls wichtiger als jeder Kontakt zur Umwelt.

In den leichteren Fällen vom Asperger-Typ besteht der Eindruck, daß diese Kinder zwar die Beziehung zu einer ganz vertrauten Person wie der Mutter durchaus suchen, aber im Grunde nur um der eigenen Bedürfnisse willen. Das ist zwar bei kleinen Kindern wohl grundsätzlich immer so. Normalerweise entwickelt sich aber aus dem »selbstsüchtigen« Zuwendungsbedürfnis sehr bald auch bei dem kleinen Kind das Gefühl, daß es auch seinerseits der Mutter, dem Vater oder dem älteren Geschwister etwas bedeutet, daß es ihm etwas geben kann. Hieraus entsteht die natürliche vertraute Beziehung, die immer eine Beziehung auf Wechselseitigkeit ist. An dieser Wechselseitigkeit gebricht es jedoch bei den autistischen Kindern auch da, wo sie sich anderen zuwenden. Hier wird ganz deutlich, daß es vor allem die Unfähigkeit ist, sich in den anderen Menschen, in das Gegenüber hineinzuversetzen und mit ihm zu fühlen, seine Bedürfnisse zu erkennen und dann auch anzuerkennen.

Es ist klar, daß ein Mensch aus der kindlichen Phase der absoluten Selbstbezogenheit, in der er sich selbst als Mittelpunkt empfindet, auf den sich alle Dinge, die geschehen, beziehen, sich nicht in einer Beziehung zu anderen erkennen kann. Er fühlt sich nicht in eine größere Gruppe als ein Glied unter vielen eingereiht, sondern ganz isoliert, auf der gleichen Ebene wie die anderen, vielleicht auch den anderen überlegen oder über ihnen stehend. Das hängt von seiner eigenen Phantasie und egozentristischen Weltbeobachtung ab.

Das Scheitern der Kontaktaufnahme der weniger beeinträchtigten autistischen Kinder beruht meist darauf, daß die Kinder nicht in der Lage sind, die Wirkung des eigenen Handelns und Verhaltens auf das andere Kind, auf die anderen Menschen vorausschauend wahrzunehmen und zu berücksichtigen. Sie stören dadurch in ihrem Verhalten das andere Kind, stoßen es ungewollt vor den Kopf, wodurch es dann unvermeidlich zum Kontaktabbruch kommt. Erst ältere Jugendliche, etwa in einer Gymnasialklasse, können ein solches ungeschicktes Verhalten schließlich tolerieren und lernen, auch mit einem »eigenartigen« Schulkameraden umzugehen.

Die ungewollte Rücksichtslosigkeit

Hier kommt das eingangs geschilderte uneinfühlsame Verhalten der Menschen zum Ausdruck, das rücksichtslos ist, ohne daß eine schädigende Absicht vorliegt, ohne daß die Rücksichtslosigkeit als solche gewollt wäre. Sie geschieht einfach, weil der Betreffende sich keine Gedanken macht oder machen kann, wie sein eigenes Verhalten auf die anderen wirkt.

Den oben geschilderten Beispielen lassen sich leicht noch viele andere anfügen:

Eine Autoschlange steht vor der roten Ampel. Rechts am Straßenrand steht ein Auto, und der Fahrer möchte sich aus dem Parkplatz heraus in die Autokolonne einreihen. Die Fahrer in dieser Kolonne nehmen das Fahrzeug bestenfalls nicht wahr, aber auch wenn sie es bemerken, veranlaßt das kaum einen, den Verkehrsteilnehmer sich einordnen zu lassen. Nicht aus Bosheit, aus Gedankenlosigkeit. Sie nehmen keine Rücksicht, das heißt, sie be-*rücksichtigen* die Bedürfnisse der anderen nicht.

Das gleiche gilt für diejenigen, die in einer Telefonzelle sich durch einen davor Wartenden nicht veranlaßt sehen, ihr Gespräch abzukürzen. Sie nehmen die unausgesprochene Aufforderung überhaupt nicht wahr.

Das fixierte Interesse und die Angst vor dem Neuen

Die nächsten Symptome, die sogenannte *Objektfixierung* und die *Veränderungsangst*, können unschwer aus dieser Selbstbezogenheit, dem Egozentrismus, abgeleitet werden. Bei den schwer gestörten Kindern zeigt sich ein ganz einseitiges Interesse an einigen wenigen Gegenständen, so wie das oben geschilderte Kind sich nur für sein Kopfkissen vor dem eigenen Gesicht zu interessieren schien. Dabei muß offenbleiben, ob das Interesse am Kopfkissen für das Kind bestimmend ist oder nur die Fixierung auf den sensorischen Reiz des Streichelns, das es mit dem Kissen bewirkt. Andere Kinder sammeln stereotyp gleichartige Gegenstände wie Stifte oder Kabel, Dosen oder runde Gegenstände, mit denen sie ausdauernd und unablässig spielen und sich dabei in keiner Weise ablenken lassen. Für andere Gegenstände haben sie keinerlei Interesse und ignorieren sie einfach.

Etwas intelligentere, weniger gestörte Kinder beschäftigen sich immer mit denselben Themen. Ich kannte ein Kind, das immer nur Kirchtürme zeichnete und sich davon nicht abbringen ließ. Ein anderes zeichnete stereotyp Bagger. Wenn man ihm freundlich zuredete, es solle doch auch einmal etwas anderes zeichnen, beispielsweise ein Auto oder ein Schiff, dann ging es zunächst bereitwillig darauf ein, aber aus dem Auto oder dem Schiff wurde zwangsläufig wieder ein Kirchturm oder ein Bagger. Solche Themen können manchmal nach ein paar Wochen wechseln, bis ein neues Thema ebenso gleichförmig und unbeirrbar weiterverfolgt wird.

Die intelligenten, ja gut- und hochbegabten Autisten entwickeln dagegen umschriebene Interessen, in die sie sich völlig vertiefen. So können schon Kinder im Schulalter Experten für eine bestimmte Käferart oder für physikalische Phänomene irgendwelcher Art sein, mit einem Kenntnisstand auf diesem umschriebenen kleinen Teilgebiet, mit dem sie auch ihre Lehrer in Verlegenheit bringen können. In allen übrigen Wissensgebieten sind sie allenfalls durchschnittlich, manchmal sogar auch deutlich unterdurchschnittlich. Ich erinnere mich an einen Jungen, der wußte von sämtlichen Kirchenglocken einer Großstadt, wann und von wem sie gegossen wurden, auf welchen Ton sie gestimmt waren, bei welcher Gelegenheit sie geläutet werden und in welcher Kirche jede einzelne hängt. Seine übrige Schulleistung entsprach der eines Lernbehinderten.

Nicht selten beschränken sich ihre Sonderinteressen auf etwas abseitige, ungewöhnliche Inhalte, die von anderen eher gemieden werden. Beispielsweise halten sie sich schon als Kinder Lurche, Molche oder auch Vogelspinnen.

Solche Kinder, die auf einem Spezialgebiet, ihrem Alter weit voraus, Hochleistungen zeigen, erwecken bei ihren Eltern häufig große Hoffnungen, daß aus ihnen später einmal ein »Genie« oder ein berühmter Gelehrter werde. Solche Hoffnungen werden in aller Regel enttäuscht, da es diesen Kindern auch später nicht gelingt, den Bezug von ihrem Spezialgebiet zu den Nachbardisziplinen, ja überhaupt zum übrigen Leben herzustellen.

Es gibt aber noch leichtere Formen, die wegen ihrer einseitigen Begabung und wegen ihres sehr ausgeprägten, aber nicht übertriebenen einseitigen Interesses in der Schule, auch noch im Gymnasium, große Probleme haben, da sie auch in den Fächern, die sie wenig interessieren und in denen sie Schwächen zeigen, gefordert und benotet werden. Diese Jugendlichen zeigen sich dann häufig nach dem mühsam erreichten Abitur sehr befreit, können sich im Studium auf ihr Spezialgebiet und ihre besonderen Interessen konzentrieren und können hier dann tatsächlich gute Leistungen und Anerkennung erreichen.

Auch die damit einhergehende Veränderungsangst läßt sich in diesem Zusammenhang gut erklären. Wenn sich ein Mensch nur für einen bestimmten Themenkreis, nur für bestimmte Gegenstände interessiert, dann bedeutet der ihm aufgezwungene Wechsel zu einem anderen Thema, zu anderen Gegenständen eine Bedrohung seiner eigenen, auf dieses Thema und diese Gegenstände konzentrierten Welt. Sie fühlen sich dem Neuen gegenüber sehr verunsichert, es wirkt bedrohlich, und sie fühlen sich unter Umständen sogar in ihrer Existenz bedroht, das heißt, sie entwickeln eine große Angst und drängen panisch darauf, daß der alte, ihnen vertraute und Sicherheit bietende Zustand wiederhergestellt werde.

So wollen viele dieser Kinder zum Beispiel immer genau dasselbe Geschirr benutzen, das in derselben Ordnung aufgestellt werden muß. Sie geraten in Panik, wenn sie andere Wäsche und Kleider anziehen sollen, und sind nur zufrieden, wenn die Verhältnisse um sie herum immer dieselben sind. Man kann sie daher auch nicht mit Zwang von ihren fixierten Interessen abbringen, und langweilig wird es ihnen ohnehin nicht.

Es ist ein bestimmtes psychologisches Phänomen, das Langeweile hervorruft. Wenn wir immer denselben Reizen ausgesetzt sind, dann verschwindet ihre Wirkung allmählich und sie werden nicht mehr wahrgenommen, wie etwa der tropfende Wasserhahn, dessen Geräusch wir schließlich nicht mehr registrieren. Diese Gewöhnung oder Habituation fehlt offenbar bei den autistischen Kindern. Man kann darüber spekulieren, ob dies ein echter Sinnesdefekt ist oder einfach ein Schutzverhalten zur Abwehr eines Neuen, das man nicht kennt und an das man sich noch nicht gewöhnt hat.

Solche Kinder von ihren einseitigen Interessen abzubringen, gelingt allenfalls dann, wenn man unter Bewahrung des Bisherigen gewissermaßen so ganz nebenbei auch immer wieder mit anderen Dingen spielt, ohne sie dem Kind aufzudrängen. Schließlich wird ihm auch dieses Neue – gewissermaßen aus dem Augenwinkel heraus – vertrauter, das Kind verliert seine Angst und kann sich schließlich auch dem anderen, dem Neuen zuwenden.

Im übrigen kennen wir das Fixieren auf bestimmte Bedingungen auch bei ganz normalen Kindern, etwa beim Einschlafritual, beim sogenannten Ersatzobjekt, dem Plüschtier oder dem weichen Tuch, das das Kind benötigt, um in seinem Bett einschlafen zu können. Nur sind es hier eben Durchgangsphasen, die alsbald durchschritten werden.

Bei den leichter betroffenen und begabten autistischen Kindern und Jugendlichen drückt sich die Veränderungsangst in einer grundsätzlich konservativen Haltung aus. Sie möchten alles so bewahren, wie sie es gewohnt sind. Dies kann bis zur Pedanterie gehen, und es gibt manchen, im übrigen nicht auffällig wirkenden Erwachsenen, der an seinem Schreibtisch nur arbeiten kann, wenn er dort alles in einer bestimmten Ordnung vorfindet. Das reicht hinüber zu gewissen Zwängen und Zwangsneurosen, die aber im Grunde auch nur der Abwehr der Angst vor der Unordnung entsprechen – eine Unordnung, ein Chaos, das für viele Menschen eine große Bedrohung bedeutet, vor allem dann, wenn sie ihre eigene Weltordnung mühsam errungen haben und nun um jeden Preis aufrechterhalten wollen. Daß sie dabei ihre Befreiung von dieser Angst vor der Unordnung mit einer »Überordnung«, mit einem Zwang, also einer Art freiwilligem Gefängnis eintauschen, nehmen sie in Kauf. Mein Freund Aron Bodenheimer, der schweizerisch-israelische Psychoanalytiker, glaubt, daß jede Ordnung, die nicht immer wieder von Unordnung abgelöst werde, zum Stillstand und zum Gefängnis führe.[10]

Auch diese Phänomene, die Objektfixierung und die Veränderungsangst, könnten wir durch die Fixierung auf uns selbst recht gut erklären: Wenn nur wir allein das Maß aller Dinge sind und wir die Welt unserer Mitmenschen nicht oder nur ungenügend erfahren, erfassen und miterleben können, dann bedeutet diese Welt der anderen für uns etwas ganz Fremdes, eine gewisse Bedrohung, denn wir haben dafür keinen Maßstab, der uns Sicherheit bietet. Wir können aber nicht einfach den anderen vertrauen, eben weil wir uns nicht in sie einfühlen können und sie nicht verstehen, wie sie mit einer anderen Ordnung, mit anderen Gegenständen und Interessen überhaupt leben können.

Die Sprache des Einzelmenschen

Ein weiteres Phänomen ist die besondere *Sprache autistischer Kinder*. Die ganz schweren Fälle entwickeln überhaupt keine Sprache und scheinen auch keine zu verstehen. Dabei hat man bei der Beobachtung dieser Kinder als Außenstehender durchaus den Eindruck, daß sie, im Gegensatz zu schwachsinnigen Kindern, eine lebhafte und angeregte Denktätigkeit entwickeln, daß sie gewissermaßen nur mit sich selbst sprechen, aber eine Verständigung mit ihrer Umwelt, mit der sie auch sonst keinen Kontakt aufnehmen, nicht suchen und auch gar kein Bedürfnis danach haben.

Man kann sich hier die Frage stellen, ob bei diesen schwer gestörten Kanner-Autisten sich keine Sprachentwicklung einstellt, weil sie keinen Kontakt herstellen können oder wollen, oder ob sie keinen Kontakt herstellen können, weil die Sprachentwicklung ausbleibt.

Manche auch schwerer beeinträchtigte autistische Kinder wiederholen ständig einzelne Silben oder Worte, immer dieselben. Man spricht dabei von Echolalie. Es wird deutlich, daß die Sprache hier nur eine Bewegungsform, gewissermaßen eine eigene Laut- und Geräuschentwicklung bedeutet, ohne daß das etwas mit der Umwelt zu tun hätte. Manche Kinder erfreuen sich sichtlich und stereotyp an bestimmten Worten. So kannte ich einen Jungen, der beständig »Schiffbruch« vor sich hin sprach und das offensichtlich ganz vergnüglich fand. Solche Echolalien können manchmal auch als Abwehrrituale gegen eine drohende Angst erkannt werden.

Typisch ist, daß viele Kinder zumindest für längere Zeit die Begriffe »ich« oder das besitzanzeigende Fürwort für sich selbst, also das Wort »mein«, nicht benutzen. Daß ein Kind von sich selbst mit der Bezeichnung des Namens spricht, ist ebenfalls eine normale Entwicklungsphase, die alsbald überwunden wird. Sie bleibt aber bei autistischen Kindern wesentlich länger bestehen. Wenn man zu ihm sagt: »Das ist dein Spielzeug«, dann wird es wiederholen: »Ja, das ist dein Spielzeug.« Wenn ich selbst Mittelpunkt bin, hat die Unterscheidung zwischen *mein* und *dein* als Begriff keine sinnvolle Bedeutung. So können diese Kinder auch tatsächlich im Spiel oft nicht berücksichtigen, daß ein bestimmtes Spielzeug dem anderen gehört und daß er deswegen ein Vorrecht hat, damit zu spielen. Auch das finden wir bei ganz normalen Kindern, aber eben nur für eine kurze Zeit. Auch diese »normalen« Kinder nehmen ihrem Spielkameraden »rücksichtslos« das Spielzeug weg, wollen ihm aber dabei nicht weh tun und sind sich dessen gar nicht bewußt, daß sie den anderen damit kränken könnten. Das lernen sie erst mit der Zeit.

Die Sprache bei den besser begabten Kindern und auch noch bei den erwachsenen Autisten ist manchmal dadurch auffällig, daß sie eine eigenartige, etwas ungewöhnliche, auch der Situation oft nicht ganz angemessene Sprache pflegen, manchmal etwas geschraubt, jedenfalls nicht üblich und im Stil der Situation unangepaßt.

Auch dies läßt sich aus dem Egozentrismus gut ableiten: Wenn ich selbst das Maß der Dinge bin und mir keine Gedanken darüber mache, wie das, was ich zum anderen sage, von diesem aufgenommen und verstanden wird, wenn ich gar keine Veranlassung habe, aus der Sprache der anderen für mich selbst zu lernen, dann kommen solche ungewöhnlichen und manchmal die Beziehung störenden eigenartigen Sprachformen zustande.

Die Sprache hat seit ihrer frühesten Entwicklung in der Menschheit einen gewissen Funktionswandel durchgemacht. Sie diente zunächst der Information, und diese Form der Sprache, wenn auch weniger in Lauten oder gar Worten, sondern in einfachen Signalen oder Körperhaltungen, finden wir bereits im Tierreich. Der prächtige Schmuck mancher männlicher Tiere dient als sexuelles Zuwendungssignal für den weiblichen Partner, oder auch das aufgeregte Geschrei mancher Vögel der Warnung ihrer Artgenossen vor einem Feind. Wenn die Bienen mit ihrer Tracht vom Flug zurückkehren und durch die Schwänzeltänze ihren mitarbeitenden Bienen mitteilen, in welcher Richtung und in welcher Entfernung Futter zu finden ist, dann ist das ebenso Informationssprache wie die bestimmten Haltungen, mit denen eine Drohung oder eine Unterwerfung ausgedrückt wird, oder der Warnruf des Eichelhähers, das die Geschlechtsbereitschaft mitteilende Vogelgezwitscher im Frühjahr oder das Setzen von Duftmarken zur Abgrenzung des Reviers bei vielen Tieren.

Man kann wohl davon ausgehen, daß auch in der frühen Menschheitsentwicklung die sich entwickelnde Sprache zunächst der Information für die tägliche Lebensbewältigung diente. Erst sehr viel später kamen Funktionen wie Kommunikation und

Aufbau einer Beziehung zwischen den einzelnen Menschen hinzu, letzteres auch über den geschlechtlichen Kontakt zur Fortpflanzung hinaus. Es werden auch eigene Gefühle ausgedrückt und das Verständnis für die Gefühle des anderen, es werden theoretische und abstrakte Gespräche geführt, und auch das banale Gespräch mit der Nachbarin über das Wetter dient der guten nachbarlichen Kommunikation. Auch wenn Menschen untereinander Briefe wechseln, die nicht nur reine Informationen enthalten, sondern einen Gedankenaustausch anstreben, so entspricht dies der Weiter- und Höherentwicklung der menschlichen Sprache.

Gerade diese Komponente finden wir bei der Sprache des Autisten weniger, auch verhindert die unangemessene Ausdrucksweise die Kommunikation gerade dort, wo der Betreffende sie vielleicht suchen möchte. Dies ist leicht dadurch zu erklären, daß es dem Autisten nur schwer möglich ist, sich in sein Gegenüber einzufühlen und selbst zu kontrollieren, wie seine Sprechweise von dem anderen aufgenommen und empfunden wird.

Neben der Funktion der Information ist dem Menschen dagegen noch eine andere Funktion der Sprache zu eigen. Die Sprache dient der Kontaktaufnahme. Sie soll eine Beziehung zum anderen Menschen herstellen und diese pflegen, nicht nur durch einseitige Information über die konkrete Situation, sondern auch durch Informationsaustausch und vor allem durch Austausch von Emotionen, durch Mitteilen und Teilnehmenlassen an den eigenen Gefühlen.

Der französische Psychoanalytiker Lacan geht davon aus, daß Denken nicht ohne Sprache möglich ist.[11] Er meint, daß der Mensch seine Umwelt nach seiner Sprache konstruiert. Wenn ich aber nur für mich allein denke, weil ich mir selbst genug bin und in einer eigenen, mehr oder weniger abgeschlossenen Welt lebe, dann ist diese Kontaktfunktion der Sprache nicht notwendig, ja vielleicht nicht einmal möglich. Die Sprache hat ihren

Appellcharakter verloren und dient allenfalls noch der einseitigen Information.

Das Fortbestehen der Selbstbezogenheit

Somit lassen sich die Symptome des frühkindlichen Autismus in der schweren wie auch in der leichten Form ohne weiteres aus der mehr oder weniger ausgeprägten Selbstbezogenheit, aus dem Egozentrismus, ableiten. Wie wir gesehen haben, ist dieser jedoch eine normale Durchgangsphase in der psychischen Entwicklung jedes Menschen.

Ist das Fortbestehen dieser Selbstbezogenheit aber in jedem Fall das Symptom einer Krankheit oder einfach eine Variante der menschlichen Psyche, eine Form des Menschseins überhaupt?

Eine Zwischenbetrachtung

Von der Krankheit und ihrer Abgrenzung

Körperliche Krankheiten können ganz allmählich entstehen, und der Zeitpunkt ihrer Entdeckung und Erkennung als Krankheit hängt von verschiedenen Faktoren ab, nicht allein vom Schweregrad ihrer Symptome. Der empfindsame Mensch kann die Symptome früher wahrnehmen, früher sich durch sie beunruhigen lassen und den Arzt aufsuchen oder Maßnahmen gegen die entstehende Krankheit ergreifen. Ein anderer ist weniger empfindlich und robuster und bemerkt die Krankheit erst, wenn sie schon weit fortgeschritten ist. Eine Krankheit kann auch zufällig, etwa im Rahmen einer Routineuntersuchung oder bei der Untersuchung wegen ganz anderer Symptome entdeckt werden. Jedenfalls läßt sich nicht objektiv feststellen, wann eine Krankheit wirklich beginnt. Habe ich schon Schnupfen, wenn ich einmal die Nase schneuzen muß oder erst beim zweitenmal, oder von wann ab würde ich das Symptom der laufenden Nase als Schnupfen bezeichnen?

Nur bei der Schwangerschaft – die für sich genommen alles andere als eine Krankheit ist – kann man sagen (unabhängig davon, wann sie festgestellt wird): Sie hat einen festen Beginn, nämlich den der Konzeption und der Einbettung des heranwachsenden befruchteten Eies. Aber auch dieser Zeitpunkt läßt sich nicht auf den Tag genau fixieren. So gibt es überall zwischen gesund und krank mehr oder weniger fließende Übergänge, und die Grenzziehung zwischen beiden Begriffen ist relativ zufällig und willkürlich.

Das ist bei sogenannten psychischen Krankheiten noch deutlicher. Es gibt zwar psychische Krankheiten, die aufgrund von organisch nachweisbaren Hirnfunktionsstörungen und auch morphologischen Veränderungen des Gehirns und der Gehirndurchblutung entstehen, etwa dem Altersabbau der geistigen Funktionen. Aber auch bei ihnen kann ich nicht feststellen, wie lange es sich um das normale »Altern« eines sonst psychisch gesunden Menschen handelt, der einfach in seinem Gedächtnis etwas unsicher wird und sich nicht mehr so leicht auf eine neue Situation einzustellen vermag. Hier können wir dennoch von einem bestimmten Schweregrad der psychischen Veränderung ab zweifellos von einer Krankheit oder einem Leiden sprechen.

Sehr viel schwieriger ist dies bei den psychischen Veränderungen und Störungen, bei den Neurosen und auch bei den Psychosen. Es gibt kaum neurotische Phänomene, die nicht auch bei Menschen vorkommen, die sich selbst für psychisch gesund halten und die auch von ihrer Umgebung nicht als auffällig oder gar krank angesehen werden. Ein Zwangskranker mit einem Kontrollzwang, der ihn veranlaßt, mehrmals nachzusehen, ob er die Tür auch richtig abgeschlossen hat, ob er den Schalter am Gasherd auch wirklich ausgeschaltet hat und der aus Angst, den Zug zu versäumen, so zeitig von zu Hause weggeht, daß er den vorhergehenden Zug knapp verfehlt, ist dann als zwangskrank anzusehen, wenn er selbst unter diesen eigenen Verhaltensweisen zu leiden anfängt, diese gerne überwinden und ablegen möchte und doch nicht die Kraft dazu findet. Ähnlich ist es beim Alkoholabhängigen, der die Gefahr eines Alkoholismus erkennt und versucht, nicht der Sucht zum Alkohol nachzugeben, und dennoch ihr aus verschiedenen Gründen erliegt.

Es gibt aber viele, durchaus gesunde, tüchtige und erfolgreiche Menschen, die sehr pünktlich sind, die sich auch sorgfältig vergewissern, daß sie das Haus abgeschlossen haben, die lieber zeitig zum Bahnhof gehen, als daß sie Gefahr laufen, den Zug nicht zu erreichen, die großen Wert darauf legen, daß ihr Schreibtisch sorgfältig aufgeräumt ist. Sie leiden nicht darunter, sondern stehen zu ihren Eigentümlichkeiten, und niemand wird sie als krank bezeichnen, obwohl sie von außen her gesehen vielleicht dieselben Symptome zeigen.

So gibt es auch ängstliche Menschen, die allein deshalb noch keine Angstneurose haben, und Menschen, die Probleme haben, mit Autoritäten zurechtzukommen, weil sie in ihrer früheren Beziehung zu ihrem Vater nicht bewältigte Probleme beibehalten haben. Man kann sie schon als Neurotiker bezeichnen und hat ihnen damit lediglich ein Etikett verpaßt, ohne daß man sie deswegen als Kranke bewertet oder ohne daß sie sich selbst krank fühlen. Offenbar hängt alles sehr stark davon ab, ob der Betroffene selbst unter sich und seinem Verhalten leidet oder ob er damit keine Probleme hat.

Es gibt aber auch psychische Krankheiten, unter denen die Betroffenen nicht leiden, wohl aber ihre Angehörigen und ihre Mitmenschen. Viele Wahnkranke sind sich ihrer Vorstellung sicher, die von niemandem anderen geteilt und von allen anderen als abwegig und »wahnhaft« bezeichnet wird, und sehen das Fehlurteil in der einhellig ablehnenden Meinung der anderen. Auch viele Schizophrene, die optische, akustische oder auch taktile Halluzinationen haben oder die in einer Erlebniswelt leben, die sie mit ihrer Umgebung nicht teilen können, fühlen sich oft oder wenigstens die überwiegende Zeit nicht krank, auch wenn viele durchaus unter dem Unverständnis und der Veränderung der Umwelt leiden und ihrer eigenen Persönlichkeit nicht mehr sicher sind.

Dabei sind die typischen Symptome, die wir im Rahmen einer schizophrenen Psychose beobachten und als Hinweise auf die Krankheit registrieren, durchweg Phänomene, die auch gesunde Menschen in dieser Form erleben können, sei es in ihrer frühen Kindheitsentwicklung – ähnlich wie den Egozentrismus im frühen Kindesalter – oder in einer veränderten Bewußtseinsphase, etwa im Alkohol- oder Drogenrausch, oder auch einfach beim Schlafen im Traum. Es gibt auch vereinzelt Menschen, die optische oder akustische Halluzinationen haben, ohne daß sie deswegen krank sind.

Bei den psychischen Krankheiten, oder was wir als solche

bezeichnen, sind wir mit einem fließenden Übergang vom ganz Normalen zum gerade noch Normalen über das wahrscheinlich Gestörte zur offenbaren psychischen Krankheit konfrontiert, und die Grenze zwischen gesund und krank kann prinzipiell nirgends mit Sicherheit gezogen werden.

Im Grunde kann die Grenzlinie zwischen »gesund« und »krank« im psychischen Bereich niemals objektiv gezogen werden, sondern nur subjektiv. Erst wenn der Betroffene selbst oder seine ihn umgebenden Mitmenschen unter seinen Eigenheiten leiden, können wir ihn als krank oder besser als leidend bezeichnen. Das gilt sogar für solche psychische Leiden, die auf organische Hirnveränderungen zurückzuführen sind, wie etwa die Altersdemenz. Auch hier ist das Leiden daran der einzige vertretbare Maßstab.

Die internationale Psychiatrie hat sich damit geholfen, daß sie in einem diagnostischen und statistischen Manual (ICD oder DSM und ihre Weiterentwicklungen) für jede Krankheitsform eine genaue Beschreibung abgefaßt und festgelegt hat, wie viele der im einzelnen aufgelisteten Symptome vorhanden sein müssen, um die Diagnose einer solchen psychischen Störung stellen zu können.

Eine solche Übereinkunft ist für die internationale Verständigung, vor allem für eine vergleichende Forschung auf psychiatrischem Gebiet unentbehrlich und hilfreich. Es darf nur bei der Anwendung dieses Manuals nicht vergessen werden, daß es sich um eine Übereinkunft zum Zweck der gegenseitigen Verständigung handelt und um wissenschaftliche Daten vergleichen und austauschen zu können, nicht aber um eine Wiedergabe der Wirklichkeit psychischer Störungen, die zum überwiegenden Teil keinerlei organisches Substrat haben, das man im Labor oder bei der neurophysiologischen Untersuchung nachweisen könnte. Es ist verhängnisvoll, daß unerfahrene und unkritische Psychiater dies aus dem Auge verlieren können und auch sich selbst und anderen verbieten, darüber hinaus zu denken und unabhängig von dieser Übereinkunft zu versuchen, mehr über Ursache und Art solcher Störungen in Erfahrung zu bringen. Es besteht dadurch die Gefahr, daß jede weiterführende Forschung unterbunden wird und die psychiatrische Forschung sich gewissermaßen im selbstgewählten Käfig ein Wolkenkuckucksheim einrichtet. Auch dies ist eine Form von Autismus bei einer ganzen Wissenschaftsdisziplin.

Dazu kommt, daß die Forschung sich seit einigen Jahrzehnten mit Erfolg des Computers bedienen kann. Da es aber im Bereich von Krankheit und von psychischen Störungen neben der eindeutigen Zuordnung »gesund« oder »krank« auch »ein bißchen krank« gibt und geben muß, der Computer aber nur zwischen »ja« und »nein« unterscheiden kann und »ein bißchen« nicht kennt, ist die psychiatrische Wissenschaft, wenn sie sich auf Untersuchungen mit Hilfe der Computer einläßt, gezwungen, im »cut off« eine klare Grenzlinie zu ziehen. Alles, was unterhalb dieser Grenzlinie liegt, gilt als gesund oder normal, was darüber liegt, als krank oder unnormal.

Mit dieser Unterscheidung wird nun der Computer mit allen erhobenen Befunden gefüttert, und man läßt ihn mit den eingegebenen Daten arbeiten. Wenn man dann bei der Beurteilung der Ergebnisse vergessen hat, daß man zu Beginn einmal recht willkürlich einen Teil der untersuchten Phänomene als »normal« abgetrennt hat, dann kann es leicht geschehen, daß die Untersuchung ein klar abgrenzbares Krankheitsbild beschreibt, was in der klinischen Wirklichkeit aber keineswegs so klar abgrenzbar ist, sondern viele fließende Übergänge zur Normalität zeigen kann, ja dessen Symptome wir in gleicher Weise, wenn auch nicht so ausgeprägt, unter den »Normalen« finden können.

Der Autismus des »Normalen«

Genau diese scheinbare Abgrenzung einer Krankheit vom »Normalen« ist auch beim frühkindlichen Autismus geschehen. Es gibt keinen Zweifel, daß es viele schwere Formen dieser psychischen Störung gibt, die man als krankhaft und als schwer gestört bezeichnen muß. Jedes einzelne Symptom läßt sich aber, wie wir das auch schon beschrieben haben, in zunehmender Verdünnung beobachten und schließlich als eine durchaus normale Charaktervariante oder Eigenschaft beschreiben, der wir bei vielen Menschen begegnen können, die niemand als gestört oder krank bezeichnen würde. Tatsächlich werden wir die einzelnen Symptome, die in hinreichender Ausprägung sehr eindeutig das Bild eines krankhaften frühkindlichen Autismus zeigen, in leichter und oft nur angedeuteter Form bei vielen Menschen, auch bei uns selbst, beobachten können.

Dies zu beachten, ist deshalb wichtig, weil sich damit die Frage stellt, ob der frühkindliche Autismus, oder anders ausgedrückt, ob das Persistieren der psychischen Entwicklung einer bestimmten Eigenschaft auf einer bestimmten Entwicklungsstufe schon als Krankheit zu bezeichnen ist oder ob es einfach eine Variante ist, die dem Menschen zu eigen ist. Das gilt sowohl für den frühkindlichen Autismus wie auch für das große Rätsel in der Psychiatrie, der psychischen Störung, die wir als Schizophrenie bezeichnen.

Wegen dieser Unmöglichkeit einer klaren definitorischen Abgrenzung des frühkindlichen Autismus ist es auch nicht möglich, genaue Zahlen über seine Häufigkeit zu nennen. So gibt die englische Psychiaterin Lorna Wing 1936 die Häufigkeit des frühkindlichen Autismus mit 0,04 bis 0,05 Prozent an, das heißt, daß vier oder fünf von 10.000 Kindern daran leiden würden.[12] Wenn man vom *ausgeprägten* Störungsbild ausgeht, wird man dem sicher zustimmen können. Es gibt aber sicher sehr viel mehr Kinder und auch Erwachsene, die einzelne dieser Symptome in einer erkennbaren Ausprägung zeigen, ohne das Gesamtbild zu bestätigen. Hierzu Zahlen anzugeben, ist unmöglich.

Es stellt sich in diesem Zusammenhang für jeden Kinder- und Jugendpsychiater die Frage, ob dieses Krankheitsbild in den letzten Jahrzehnten zugenommen hat oder ob es früher einfach nicht erkannt wurde.

Ich kann mich aus meiner Assistentenzeit in den 50er Jahren sehr wohl an einige Kinder und Jugendliche erinnern, von denen ich heute weiß, daß es sich um typische autistische Patienten gehandelt hat. Nur kannten wir damals das Krankheitsbild noch nicht oder hatten noch keinen Blick dafür, so daß uns vieles entgangen sein kann. Man hat sie, je nach ihrem Intelligenzgrad, unter die Schwachsinnigen eingeordnet oder, noch häufiger, als psychopathische Kinder bezeichnet, eine Diagnose, die wir heute überhaupt nicht mehr stellen, weil wir inzwischen gelernt haben, daß sich Charakterauffälligkeiten dieser oder anderer Art durchaus differenzieren und in vielen Fällen auch einer bestimmten Ursache zuordnen lassen.

Autismus als Nebenfolge der Rationalisierung

Dennoch kann kein Zweifel daran bestehen, daß der die Wirtschaft beherrschende Zwang zur Rationalisierung und Gewinnmaximierung aus unserem alltäglichen Leben bereits manches Menschliche verdrängt hat:

Früher befand sich in jeder Telefonzelle ein Wandspruch: »Fasse Dich kurz, nimm Rücksicht auf Wartende.« Diesen Leitspruch für den Telefonzellenbenutzer gibt es schon lange nicht mehr, denn die Telecom hat gar kein Interesse daran, daß sich jemand kurz faßt. Es gibt zwar seither sicher mehr Telefonzellen als früher, es gibt aber auch viel mehr Leute, die telefonieren wollen. Jedenfalls warte ich heute öfter und länger vor einer besetzten Telefonzelle als früher und habe dabei oft den Eindruck, der Sprecher oder die Sprecherin in der Zelle unterhält sich, als ob er oder sie mit dem Gesprächspartner im Café säße. Sie lassen sich durch mich, der ich vor der Zelle warte, auch gar nicht stören.

Man könnte sich auch Gedanken darüber machen, warum das Briefeschreiben so aus der Mode gekommen ist. Natürlich ist der telefonische Kontakt unmittelbar, ohne Zeitverzug möglich – wenn der Partner erreichbar und der Apparat nicht belegt ist – und auch persönlich: Ich kann sofort antworten, ich habe einen unmittelbaren Kontakt mit dem anderen, den der Brief nicht geben kann. Dafür bringt der telefonische Anruf aber nicht wenige in Verlegenheit, weil sie sofort, hier und jetzt antworten müssen, wenn sie sich im Grunde die Sache lieber überlegen und eine ablehnende oder verneinende Antwort gerne in einen freundlichen Brief verpacken würden. Wer sich in seinen Gesprächspartner nicht ohne weiteres hineindenken kann und weiß, daß der andere auch ihn, den Anfragenden kennt – sofern es sich nicht um nahe Angehörige und gutbekannte Freunde und Freundinnen handelt –, sollte lieber mit einem Brief anfragen. Ein Brief aber kostet 1 DM, ein Telefonanruf im Nahbereich nur 12 Pfennige. Außerdem brauche ich für einen Brief mehr Zeit.

Auch das ist in der Wirtschaft längst üblich: Wenn ich an einen Verlag oder an die Herausgeber einer Zeitschrift ein Manuskript schicke, dann kommt es kaum mehr vor, daß mir der Verlag oder die Zeitschrift bestätigt, daß der Artikel eingegangen ist und nun geprüft wird. Dabei ist es ganz gleich, ob es sich um erbetene oder unerbetene Einsendungen handelt.

Der Verlag spart lieber diese nur für den Einsender wichtige, für ihn selbst aber unnötige Information, weil sie 1 DM kostet. Zwischenmenschliche Höflichkeit ist – scheinbar – nicht mehr nötig, und wenn sie Arbeit macht und deshalb vielleicht zusätzliches Personal kostet, wird sie eingespart. Ich denke allerdings, daß mit zunehmender Konkurrenz bei den Dienstleistungen sich diese kostspielige Höflichkeit letztlich doch lohnt.

Auch sonst hat die Rationalisierung, die immer zunächst bei der Einsparung von Menschen ansetzt, vieles Menschliche, genau genommen das Zwischenmenschliche und Mitmenschliche, aus dem Alltag verbannt.

Einige kleine, unscheinbare Beispiele:

Noch vor etwa 40 Jahren war der Zugang zu den Zügen auf den Bahnhöfen nur durch eine Sperre möglich. In einem kleinen Häuschen saß ein Bahnbeamter, der bei jedem Passanten die Fahrkarte prüfte und knipste. Man konnte ihn um eine Auskunft bitten, konnte mit ihm reden, wenn man wollte, und sei es nur über das Wetter. Diese Personalkosten hat man eingespart, dafür kann man jetzt die Ankommenden direkt am Zug abholen, ohne eine Bahnsteigkarte kaufen zu müssen.

Ähnlich war es mit der Straßenbahn, wo sich in jedem Wagen noch eine Schaffnerin oder ein Schaffner durch den vollen Wagen drängte, Fahrscheine verkaufte und kontrollierte und die Stationen ausrief. Dem steht heute ein Automat gegenüber, der oft so kompliziert ist, daß man ihn nur mit Mühe bedienen kann, von sprachunkundigen Ausländern ganz abgesehen.

Auch bei Badeanstalten, Museen und dergleichen mehr geschieht die Einlaßkontrolle automatisch. Eine Karte, in einen Apparat gesteckt, läßt eine Schranke hochgehen oder ein Drehkreuz sich eine Viertelumdrehung weiterdrehen und den Eingang freigeben.

Das ist alles sehr rationell und spart Personalkosten, ist aber keineswegs überall in den westlichen Ländern so. Es besteht für mich der Eindruck, daß in der Bundesrepublik Deutschland diese Entwicklung am weitesten vorangetrieben ist. Kommt man auf dem Frankfurter Flughafen an, dann ist zwar alles deutlich markiert und angeschrieben, aber es ist kaum jemand da, den ich fragen könnte. Das ist beispielsweise in London oder auf dem Kennedy-Flughafen in New York deutlich anders. Da gibt es fast immer Angestellte, die angesprochen werden können und die einem persönlich weiterhelfen.

Auch das Einkaufen ist anonym geworden. Vor dem Zweiten Weltkrieg gab es nur ganz wenige große Kaufhäuser. Die meisten Ladengeschäfte waren in Privatbesitz, und der Verkäufer oder die Verkäuferin standen hinter dem Ladentisch und reichten die gewünschte Ware zu. Selbstbedienung ist erst eine neue Errungenschaft, die zwar den Umsatz wesentlich erhöht hat und ebenfalls Personalkosten spart, die aber auch den Ladendiebstahl fördert, ja überhaupt erst möglich macht.

Die großen Kaufhäuser vermitteln den meist jugendlichen Ladendieben auch gar nicht das Gefühl, daß sie mit dem Diebstahl jemand Bestimmten schädigen könnten. Den Verkäufern und Verkäuferinnen, die auch in den Supermärkten vorhanden sind, gehören die Waren ja nicht. Niemand weiß, wem sie eigentlich gehören: Es ist ein Konzern, also kein leibhaftiger Mensch, und wenn es eine Person wäre, wäre sie so unermeßlich reich, daß sie der Verlust eines kleinen Radios oder von etwas anderem nicht weiter schädigen könnte. Im ehemaligen Tante-Emma-Laden war von vornherein klar, daß man bei einem Diebstahl, wenn er überhaupt möglich war, den Besitzer oder die Besitzerin, die meist leibhaftig vor einem stand, persönlich schädigte, und das fiel dann doch wesentlich schwerer.

Ähnlich ist es mit der sogenannten Beförderungserschleichung, dem Fahren ohne gültigen Fahrausweis in Straßenbahn, S- oder U-Bahn. Auch hier entsteht nicht das Gefühl, es könnte jemand geschädigt werden. Die S-Bahn fährt sowieso, der Schwarzfahrer verursacht keine Mehrkosten, er verringert lediglich geringfügig die Einnahmen der Bahn, einer ebenfalls anonymen Gesellschaft.

Die Einfühlungsfähigkeit als unnötige Privatsache

Diese wenigen Beispiele, wie die Welt, zumindest die westliche Welt oder auch die Welt der Industrienationen, zunehmend unpersönlicher wird und immer mehr automatisiert, das heißt durch Apparate und nicht unmittelbar durch Menschen bestimmt, könnten ein Hinweis darauf sein, daß Empathie – die Fähigkeit, sich in den anderen Menschen hineinzufühlen – auch immer weniger gefragt, immer weniger notwendig ist. Sie ist zu teuer und wird scheinbar zum privaten Luxus.

Man könnte dem entgegenhalten, daß die Wirtschaft, die durch Rationalisierung, das heißt bei uns vor allem durch Personaleinsparung, wesentlich zu dieser Tendenz beiträgt, sich auf einem anderen ihrer zentralen Gebiete, der Werbung, in besonderer Weise in den Menschen einfühlen muß.

Wenn man genau hinblickt, will die Werbung allerdings gerade nicht auf den anderen Menschen eingehen, sie will ihn nur veranlassen, sich ihm, dem Werbenden, zuzuwenden und das zu tun, was dieser möchte, nämlich seine Produkte zu kaufen, seine Dienstleistung in Anspruch zu nehmen und ähnliches. Es interessiert sie im Grunde gar nicht, wie es dem einzelnen Menschen, den die Werbung anspricht, geht, was er wünscht, fühlt und braucht, sie will nicht ihm, sondern sich selbst helfen. Der durch die Werbung Angesprochene soll nicht tun, was er möchte, und nicht bekommen, was er wirklich benötigt, sondern er soll das wünschen und soll glauben, das zu benötigen, was ihm in der Werbung angepriesen wird.

Empathie, Einfühlungsvermögen für den anderen, muß zunächst zweckfrei sein. Es geht nicht darum, etwas Bestimmtes damit zu erreichen, sondern es geht darum, daß zwei sich begegnende Menschen sich bemühen, die Gefühle des anderen zu verstehen, nachzuempfinden und zu berücksichtigen, um zu einem Kontakt zu kommen oder auch nur, um sich gegenseitig das Leben etwas leichter zu machen.

Unser täglicher Autismus

Die Kontaktstörung

Wenn Einfühlungsvermögen offenbar immer weniger notwendig und gefragt ist, heißt das auch, daß der Mensch sich immer mehr »autistisch« verhalten kann, ohne daß er als gestört oder gar als krankhaft in der Gemeinschaft auffällt.

Suchen wir doch einmal die typischen autistischen Symptome um uns herum in der Gesellschaft und bei uns selbst:

Fangen wir mit der Kontaktstörung an. Eine Kontaktstörung scheint zunächst gar nicht erkennbar zu sein. Noch nie lebten so viele Menschen in so großen Städten so dicht aufeinander, noch nie gab es Veranstaltungen, bei denen so viele Menschen beieinander sind wie in unserer Zeit. Die Großstädte wachsen, es gibt immer mehr Millionenstädte in allen Erdteilen, und es gibt auch immer mehr Großveranstaltungen, von Rockfestivals bis hin zum Papstbesuch. Und dennoch kommen zwar im wörtlichen Sinne immer mehr Menschen miteinander in Berührung, aber sie kommen nicht miteinander in Kontakt, in psychischen Kontakt. Sie scharen sich um eine Idee, pflegen gemeinsame Interessen, erleben zwar gemeinsam, erleben sich aber nicht gegenseitig. Die Menschen blicken mit vielen anderen in die gleiche Richtung, wie vor dem Bildschirm, nehmen sich aber gegenseitig nicht mehr wahr.

Wenn man sich selbst als Autofahrer beobachtet, merkt man, daß wir bei uns in den typischen westlichen Industriestaaten ausgesprochen »autistisch« fahren. Wir sehen nur »unsere« Fahrspur, nur »unser« Vorfahrtsrecht und die anonyme Straßenverkehrsordnung. Wir verlassen uns darauf, daß auch die anderen Autofahrer sich an die Verkehrsregeln halten; dann brauchen wir uns nicht um die anderen kümmern. Wer einmal den Straßenverkehr in einer mediterranen Großstadt wie Rom oder Istanbul erlebt hat, weiß, daß das nicht so sein muß. Dort beobachtet jeder die Autos neben, vor und hinter sich, sieht, was sie tun, was sie beabsichtigen und nimmt darauf in bestmöglicher Form Rücksicht, so etwa, wie wir uns auch im Straßengewühl als Fußgänger den anderen gegenüber verhalten. Dort fährt man »empathisch« und nicht »autistisch«. Es hängt wohl damit zusammen, daß die Menschen in diesen Ländern sich auch sonst mehr in ihre Familien und Mitmenschen, in ihre Gemeinschaft eingebunden fühlen.

In der vollbesetzten U-Bahn habe ich hautnahen Kontakt mit vielen Menschen, von denen ich aber keinen kenne und auch gar keinen kennen möchte. Und auf einer großen Veranstaltung, beim Fußballspiel, beim Open-air-Festival, schaue ich mit den anderen auf das Spiel, auf den Star, erlebe alles mit ihnen gemeinsam, aber es kommt allenfalls zu einer imaginären Beziehung zwischen mir, dem Zuschauer, und dem Star auf der Bühne, aber nicht mit dem Menschen, der neben mir steht oder sitzt. Wenn man sich in der Begeisterung einmal anspricht, sich gemeinsam von etwas begeistern läßt, so ist diese Beziehung meist schon vorbei, wenn man am Ende dem Ausgang zustrebt.

Eine Ausnahme sind dabei vielleicht die Fan-Clubs, welche die gemeinsame Begeisterung für einen Club oder Star auch über das Ereignis hinaus zusammenführt. Es sind meist spezielle Formen von Jugendvereinen. Dabei ist aber bemerkenswert, daß die Mitgliedschaft bei diesem Verein zu keiner eigenen Aktivität, zu keinem individuellen Handeln veranlaßt – außer der Anfeuerung des Vereins beim Spiel. Es wird nicht wie etwa im Sportverein eigene sportliche Aktivität veranlaßt, oder wie bei den Kaninchenzüchtern das Selberzüchten – oder wie die Aktivität bei den Briefmarkensammlern das eigene Briefmarkensammeln fördert. Jugendliche und Heranwachsende haben aber schon seit jeher ein spezifisches Bedürfnis, nicht allein zu sein. Es geht dabei nicht um den Kontakt, sondern eben um das Nicht-allein-Sein.

In den großen Wohnblocks, in denen unzählige Familien

miteinander leben, besteht oft viel weniger Nachbarschaft als in einer Siedlung von Einfamilienhäusern. Und die immer wieder auftauchenden Meldungen, wonach ein alleinlebender Mensch erst nach Wochen oder Monaten tot in seiner Wohnung im Hoch- oder Appartementhaus gefunden wurde, zeigen, wie wenig Kontakt zwischen den nahe beieinander lebenden Menschen bestanden hat.

Vielleicht ist es gerade die Dichte, in der die Menschen zusammenleben müssen, die sie sich darum bemühen läßt, auch einen kleinen Bereich für sich selbst zu erhalten und zu den hautnah nebenan lebenden Menschen auf Distanz zu gehen. Wo führte es auch hin, wenn ich mit jedem Mitfahrer in der U-Bahn einen persönlichen Kontakt aufnehmen und ihn weiterführen wollte, es sei denn, wir treffen uns über lange Zeit regelmäßig morgens bei der Fahrt zur Arbeit, und es entsteht dadurch allmählich eine Gemeinsamkeit durch ständige und regelmäßige Wiederholung, die sich aber auch meist auf einen Grußkontakt beschränkt.

Der Mangel an Kontakt wird aber auch und gerade an der vielfältigen Bemühung deutlich, ihn zu überwinden. Es gibt inzwischen Gruppen für die unterschiedlichsten Bedürfnisse: Selbsterfahrungsgruppen, Gruppen für die Alten, für die Jungen, für die Alleinstehenden und viele andere, die ausdrücklich angeboten und aufgesucht werden. Diese Gruppen gibt es ganz offenbar deshalb, weil viele nicht mehr in der Lage sind, selbst Kontakte aufzunehmen und festzuhalten, sondern diese organisierte Hilfe und Institution benötigen, um überhaupt mit anderen Menschen in Kontakt zu kommen.

Wozu werden Gruppen zur Selbsterfahrung überhaupt notwendig? Wenn hierzu Gruppen angeboten werden, heißt das doch, daß ich mich selbst nicht erfahren kann, ohne daß andere dabei sind. Das ist auch sicher richtig, denn nur in der Begegnung, in der Konfrontation, in der Beziehung zu anderen kann ich etwas darüber erfahren, wie ich reagiere, wo ich mit anderen und damit auch mit mir selbst Probleme habe und wie ich damit zurechtkommen kann. Wenn ich aber von vornherein in eine natürlich gewachsene Gemeinschaft hineingeboren bin und in ihr aufwachse, in einen Kreis von Verwandten, von Freunden, von Mitarbeitern und Kollegen, mit denen ich regelmäßig Kontakt habe, dann mache ich diese Erfahrung im Laufe der Zeit und schon von klein auf ganz von allein. An der Reaktion meiner Verwandten und Freunde erlebe ich meine eigene Reaktion und die Antwort der anderen darauf, und ich erfahre etwas über mich, auch wenn ich es mir vielleicht nicht im einzelnen so bewußtmache und mit schönen Worten schildern kann.

Auch die Zahl der Alleinlebenden, der Singles, ist in den letzten Jahrzehnten sehr stark angestiegen. In Großstädten besteht oft über die Hälfte aller Haushalte nur aus einem einzelnen Menschen. Das heißt natürlich nicht, daß alle diese Alleinstehenden nun auch Kontaktprobleme hätten. Es gibt zweifellos viele darunter, die in einer lebhaften und vielfältigen Beziehung zu anderen Menschen leben, wie ja überhaupt die Kontaktfähigkeit sehr von der Persönlichkeit des Betreffenden abhängig ist und zunächst nicht von seiner sozialen Lebenssituation bestimmt zu sein braucht.

Dennoch wird man feststellen können, daß ein allein in seiner abgeschlossenen Wohnung lebender Mensch mehr Aktivität und Initiative aufwenden muß, um Kontakt zu anderen Menschen herzustellen, als Menschen, die ihren knapp bemessenen Wohnraum mit mehreren anderen Menschen teilen müssen. Insofern ist auch das Angebot an Kontakt und Beziehung in einer Gesellschaft, in der es sich viele Menschen leisten können, eine eigene, abgeschlossene Wohnung für sich zu bewohnen, eher erschwert. Wir brauchen hier nicht im einzelnen darauf eingehen, daß das Zusammenleben auf engem Raum aber auch die Kontaktfähigkeit überfordern und stören kann.

Dieses Phänomen ist übrigens in den Industriestaaten nicht überall so. In Japan, wo man traditionell dichter aufeinander lebt und wohnt, fiel mir auf, daß in einem völlig neugebauten, modernen und großzügig ausgestatteten Kinderzentrum in der Erziehungsberatungsstelle die dort tätigen Psychologen und Psychologinnen immer zu zweit oder dritt im gleichen, keineswegs großen Zimmer untergebracht waren. Dies lag nicht, wie an anderer Stelle, an dem zu eng gewordenen Raum in alten Gebäuden, sondern es war mit Vorbedacht im neugebauten Haus so vorgesehen. Offenbar haben die Japaner gar nicht das bei uns standesgemäße Bedürfnis nach »viel Platz« zwischen sich und dem Nächsten.

Man kann dem Hinweis auf eine zunehmende Isolierung entgegenhalten, daß noch nie in der Geschichte soviel telefoniert wurde wie in der neuen Zeit, und daß diese Entwicklung wohl noch zunimmt. Zumindest bemühen sich die Telefongesellschaften sehr darum, daß jeder Mensch nicht nur zu jeder Zeit, sondern auch an jedem Ort nicht nur andere Menschen anrufen kann, sondern auch für andere erreichbar ist.

Es wäre eine Analyse wert, zu klären, was bei den vielen Telefongesprächen, die landauf, landab geführt werden, eigentlich gesprochen wird und ob die meisten Gespräche nicht so sehr dem Kontakt, sondern lediglich der Information dienen. Die Sprache, die durch das Telefon vermittelt wird, hat ja, worauf schon hingewiesen wurde, zwei verschiedene Aufgaben: Information und Herstellung des Kontaktes. Wir werden später bei der autistischen Sprache noch einmal auf diesen Aspekt zu sprechen kommen.

Die neuen Kontaktmöglichkeiten mit weltweiten elektronischen Datennetzen bieten zwar in einem noch nie gegebenen Umfang Beziehungen zu anderen Menschen, allerdings lassen sie kaum eine echte konkrete Beziehung, eine echte und physische Begegnung zwischen den Beteiligten entstehen. Sie halten den Partner auf eine unpersönliche Distanz, und auch beim Brief, der mit Telefax versandt wird, ist es nicht mehr der Originalbrief, den der Empfänger in Händen hält – auf privatem, rosarotem

Briefpapier, womöglich mit Duftnote –, sondern ein technisches Papier, das aus dem eigenen Papiercontainer stammt.

Mein Freund, der inzwischen verstorbene Psychoanalytiker Wolfgang Loch, wies mich vor längerer Zeit einmal darauf hin, daß die weltweiten Beziehungen der privaten Hörfunker meist einen latent homosexuellen Charakter tragen. Dabei sichert der Kontakt über den Funk die nötige Distanz, um nicht mit der eigenen Homosexualität konkret konfrontiert zu werden. Ähnliches mag vielleicht auch für die elektronischen Netzkontakte gelten, auch wenn es nicht um verdrängte Homosexualität geht, wohl aber um eine gewisse Kontaktangst.

Selbst wenn man berücksichtigt, daß sicher viele Menschen, vor allem ältere Personen, im Telefon eine hilfreiche Möglichkeit zur Kontaktpflege finden und diese auch nutzen, so ist doch zu berücksichtigen, daß auch dieser Kontakt ein distanzierter ist. Man hat den Partner nicht neben sich, kann ihn – noch nicht – dabei ansehen und seine Mimik verfolgen, man kann ihn schon gar nicht fühlen, ihm die Hand drücken oder gar streicheln. Auch das Telefon kann das unmittelbare Gespräch zwischen zwei Menschen in gegenseitiger Präsenz nicht ersetzen.

So darf angenommen werden, daß heute zwar flüchtige und informative Kontakte zwischen sehr viel mehr Menschen stattfinden als früher, daß aber der engere, auch emotional getragene Kontakt eher erschwert und seltener geworden ist.

Auch in nicht wenigen Betrieben ist ein engerer Kontakt zwischen den Mitarbeiterinnen und Mitarbeitern oft gar nicht so sehr erwünscht, weil es angeblich ablenke und Arbeitszeit unnötig vergeudet werde, wenn zwei sich miteinander unterhalten. Dabei wird aber regelmäßig übersehen, daß die Möglichkeit zum Gespräch, zum Austausch von Erfahrungen letztlich dem Arbeitsklima und damit der Arbeit insgesamt zugute kommt.

Als es vor Jahren einmal um den Bedarf an Pflegekräften in Krankenhäusern ging, soll eine zuständige Ministerin dem Sinne nach gesagt haben, die Pfleger und Schwestern würden ja ohnehin die meiste Zeit mit Kaffeetrinken verbringen. Ganz abgesehen davon, daß das natürlich so nicht stimmt – und vielleicht auch nicht so gemeint war –, ist darauf hinzuweisen, daß das gemeinsame Kaffeetrinken gerade in Krankenhäusern eine ganz wichtige Funktion darstellt, nämlich die Funktion der gegenseitigen Information und der gegenseitigen Entlastung im Berufsstreß. Das gilt tendenziell auch für andere gemeinsame Arbeitsweisen, und was durch Kontaktgespräche an Zeit verlorengeht, wird meist durch verbesserte Motivation und Arbeitsfreude um ein Mehrfaches kompensiert.

Was uns mittlerweile im familiären Alltag fehlt, können wir hin und wieder bei ausländischen Familien erleben, die bei uns wohnen. Vor allem bei Menschen, die aus den Mittelmeerländern kommen, kann man ein intensives und enges familiäres Leben beobachten. Sie stehen in engem Kontakt, stehen füreinander ein, streiten sich wohl auch einmal, versöhnen sich aber wieder, und die Kinder erleben von klein auf in ihren Familien ein enges Zusammengehörigkeitsgefühl mit der Notwendigkeit der gegenseitigen Rücksichtnahme. Diese Erfahrungen nehmen sie täglich aufs neue auf, sie werden für diese Menschen zur zweiten Natur.

Natürlich können unter solchen Bedingungen auch manchmal negative Kontakte, also Auseinandersetzung und Streit, schwerwiegende Formen annehmen, es kann zu Tätlichkeiten und zu anhaltenden Zerwürfnissen kommen, die bei isoliert Lebenden gar nicht denkbar sind. Solche Auseinandersetzungen können natürlich auch dann entstehen, wenn die Menschen zu dicht aufeinander leben müssen und sich ständig aneinander reiben. Solche Probleme sind aber keineswegs die Regel, und es wird in einem Vergleich einer modernen durchschnittlichen deutschen Familie mit ein oder zwei Kindern und einer solchen mediterranen Großfamilie sehr deutlich, auf welche Beziehungsmöglichkeiten und -notwendigkeiten in einer zunehmend auf den individuellen Einzelmenschen ausgerichteten Welt bei uns verzichtet werden muß.

Als Kinder- und Jugendpsychiater erlebt man immer wieder Familienkonstellationen mit Eltern, die sich mit ihrem einzigen Kind praktisch völlig von der Umwelt abschließen.

Ein Beispiel: Der Vater geht zwar seinem Beruf nach, die Mutter bleibt aber ganz zu Hause, und nach kurzer Zeit duldet das Kind nicht mehr, daß die Mutter es auch nur für Augenblicke allein läßt oder es in Betreuung anderer Menschen gibt. Nahe Verwandte sind nicht in erreichbarer Nähe. Das Kind wächst in engem körperlichen Kontakt mit seinen Eltern auf, da es sich nicht einmal so weit zu trennen vermag, daß man es als Säugling und Kleinkind in sein eigenes Bett legen kann. Es schläft bei der Mutter und isoliert damit auch den Vater. So lebt diese Familie seit vielen Jahren. Das Kind geht zwar zur Schule, aber eine schwere psychosomatische Krankheit verhindert bald den weiteren Schulbesuch.

Solche Extremfälle sind zwar nicht häufig, aber sie wären in dieser Form in größeren Familien nie möglich, auch nicht in einer engen dörflichen Gemeinschaft. Der Kontakt dieser Familie beschränkt sich auf das Dreieck Vater-Mutter-Kind.

Die Entfremdung vom natürlichen innerfamiliären Kontakt macht ein Bericht in der Wochenzeitschrift *Die Zeit* vom 2. September 1994 deutlich, wonach junge Frauen mit Vinyl-Säuglingen, die mit eingebautem Computer schreien (auch nachts) und die sich möglichst ähnlich verhalten wie lebendige Säuglinge, ausprobieren und üben können, ob sie sich der normalen Belastung durch einen Säugling oder ein Kleinkind gewachsen fühlen und ob sie diese Unbequemlichkeiten auf sich nehmen wollen oder nicht. Wie theoretisch ist inzwischen das Zusammenleben mit kleinen Kindern für viele Menschen geworden, die offenbar gar keine Möglichkeit mehr haben, in der eigenen Familie oder auch in der nächsten Umgebung das Aufwachsen zusammen mit neugeborenen und kleinen Kindern mitzuerleben und daher gezwungen sind, gewissermaßen im Trockenkurs nicht nur zu lernen, wie man Säuglinge wickelt, badet und füttert, sondern auch die eigene psychische Belastbarkeit zu erfahren!

Es liegt nahe, anzunehmen, daß jemand, der sich um eine solche Übung am Phantom bemühen zu müssen glaubt, vielleicht – noch – nicht für eine solche Situation reif ist. Der Umgang mit dem Säugling wird vergleichbar mit dem Umgang mit dem Auto in der Fahrschule. Dabei ist gar nicht berücksichtigt, daß allein der Umstand, daß man ein eigenes Kind zur Welt gebracht hat, auch die Einstellung zu ihm bestimmt und daß man damit wohl auch der unvermeidlichen Belastung durch dieses Kind in anderer Weise gewachsen ist als in einer Situation, in der man sich dies nur theoretisch vorstellt. Jedenfalls wirft dies ein Schlaglicht auf die fehlende Erfahrung aus der eigenen Kindheit, ebenso wie auf die Technologiegläubigkeit unserer Zeit.

Auf die Bedeutung der Bildmedien für unsere Kontakt- und Kommunikationsfähigkeit werde ich bei Besprechung der autismusähnlichen Sprachstörungen bei uns noch näher eingehen. Jedenfalls, und das sollte hier deutlich werden, nimmt die organisierte und von außen bestimmte Kontaktmöglichkeit gegenüber der spontanen und selbstbestimmten zu. Insgesamt können wir zwar – noch – nicht wie beim Kind und autistischen Menschen von einer Kontaktstörung oder gar einer Kontaktunfähigkeit sprechen. Die Tendenz geht aber eindeutig in die Richtung auf eine Verringerung der Möglichkeiten spontaner und regelmäßiger, von Emotionen getragener Kontakte.

Die Objektfixierung oder die Spezialisierung

Wenden wir uns nun dem zweiten Symptom des kindlichen Autismus zu, der Objektfixierung.

Die Fixierung des autistischen Kindes auf ein einzelnes oder auf wenige Objekte, für die es Interesse aufbringen kann und an denen es lange Zeit stereotyp festhält, hat in der übrigen Welt seine Entsprechung im Spezialistentum. Die Zuwendung zu einem Spezialgebiet ist im Grunde das Ziel jeder Berufsausbildung, und die Schule, die sich auch um sogenannte Allgemeinbildung bemüht, bereitet oft eigentlich nur ein solches Spezialistentum vor. Das gilt für alle Berufe, wenn wir von sehr mechanischen und das Interesse des Arbeitenden kaum in Anspruch nehmenden einfachen Arbeiten wie Fließbandarbeit und einfache Dienstleistungen einmal absehen.

Mit der Weiterentwicklung unserer Kenntnisse und der wachsenden Differenzierung beruflicher Tätigkeit auf fast allen Gebieten ist diese Spezialisierung eine Notwendigkeit, um im eigenen Beruf etwas zu leisten und der Konkurrenz gewachsen zu sein.

Dies können viele Menschen in der zeitlich zunehmenden Freizeit durch private andersartige Interessen ausgleichen, aber auch bei diesen Interessen stellt sich in vielen Fällen mit der Zeit ein solches Spezialistentum ein. Die Hobbys, die der einzelne sich aussucht, werden meist selektiv und dann oft sehr intensiv betrieben, und alles andere, was um einen herum in der Welt geschieht, verliert dabei an Bedeutung.

Besonders deutlich wird dies im Bereich des Spitzensports, der andere Tätigkeiten und Interessen kaum zuläßt, ebenso aber auch bei manchen Quizsendungen des Fernsehens, in denen sich Leute als Spezialisten für irgendein Spezialgebiet, auf dem sie sich gut auskennen, melden können und dann in Frage- und Antwortspiel bemüht sind, möglichst hohe Preise zu gewinnen. Man kann hier beobachten, wie sich Menschen, für die dieses Spezialgebiet nichts mit dem Beruf zu tun hat, darin bis in abwegigste Detailkenntnisse hineingearbeitet haben. Sie weisen genau das Verhalten autistisch objektfixierter Patienten auf.

Auch hier zeigt sich eine vieles verändernde Entwicklung im Laufe des letzten Jahrhunderts. Als nur ein kleiner Bruchteil der Menschen eine weiterführende Schule und eine theoretische Berufsausbildung durchlaufen konnte, war der größte Teil der Bevölkerung in der Landwirtschaft tätig oder im Handwerk. Im letzten Jahrhundert kamen die Industriearbeiter dazu, von denen eine spezialisierte Ausrichtung in ihrer Arbeitstätigkeit nicht verlangt war, die ihnen aber auch kaum Zeit und Kraft ließ, sich anderen Interessen zuzuwenden. Auch im Handwerk, vor allem aber in der landwirtschaftlichen Arbeit, beschränkten sich die Menschen im allgemeinen auf diese Tätigkeit, und nur einzelne konnten sich anderen Interessen widmen, einfach deshalb, weil Kenntnisse über andere Fachgebiete und allgemeine Fragen nur mit großem Einsatz und Mühe zugänglich waren und das Angebot an Detailwissen weitgehend fehlte.

Das hat sich im weiteren insofern gründlich geändert, als auch weiterführende Schulen einem zunehmenden Bevölkerungskreis zugänglich wurden, in den letzten Jahrzehnten vor allem aber auch durch die Bildmedien, insbesondere durch das Fernsehen, das eine Fülle von kaum übersehbaren Angeboten, auch von abgelegenen Wissensgebieten, bereithält. Diese Fülle der Anregungen kann bisher allerdings nur von wenigen zu einer Vertiefung des eigenen Wissens und einer Verfolgung eigener, spezieller Interessen genutzt werden.

Eine Wochenzeitschrift beispielsweise bietet ihren Lesern eine ausführliche und vielseitige Information über vielerlei Fachgebiete: von der Politik über Wissenschaft und Kultur über Literatur, Ökonomie und Ökologie, wie auch über die Geschehnisse in der ganzen Welt. Es gibt aber nur wenige Menschen, die eine solche Wochenzeitschrift von der ersten bis zur letzten Seite lesen können oder wollen, eben *weil* sie Teilgebiete enthält, für die kein oder nur geringes Interesse vorliegt. Ralf Dahrendorf habe einmal auf die Frage, was er unter Allgemeinbildung verstehe, gesagt, derjenige sei allgemeingebildet, der eine Wochenzeitschrift von vorne bis hinten lesen könne.

Die Universitäten und Hochschulen klagen schon seit Jahrzehnten, ja Jahrhunderten darüber, daß die Studienanfänger über keine Allgemeinbildung mehr verfügten, und auch mancher Lehrer führt die Klage über die einseitigen Interessen der Gymnasiasten und führt als Beweis oft fehlendes lexikalisches Wissen an. Ich denke, darum kann es bei Allgemeinbildung nicht gehen. Ich würde es für realistischer und bescheidener halten, wenn man Allgemeinbildung folgendermaßen definiert: Allgemeingebildet ist jemand, der weiß, auf welche Weise er sich auch auf einem ihm bis dahin fremden Fachgebiet Informationen verschaffen und Verständnis erwerben kann, und das auch immer wieder tut.

Eine breite Allgemeinbildung wird aber nur noch von wenigen bewältigt werden können – und das war im Grunde schon immer so. Man darf wohl davon ausgehen, daß in der gegenwärtigen Zeit auch ein Goethe nicht mehr wie zu seiner Zeit auf allen wesentlichen Wissensgebieten bedeutende Leistungen hervorbringen, ja nicht einmal mehr für alle wesentlichen Bereiche unseres Wissens sich interessieren könnte. Gerade die fast explosionsartige Erweiterung unserer Detailkenntnisse in Naturwissenschaft und Technik zwingt ebenso wie der Konkurrenz- und Leistungsdruck in Ausbildung und Beruf zu einer Interesseneinengung und zum Spezialistentum mit der Tendenz, die der bekannte Scherz beschreibt: Der Universalist weiß von allem nichts und der Spezialist weiß alles von nichts.

Eine dem autistischen Verhalten gut vergleichbare Spezialisierung und Objektfixierung finden wir bei vielen Universitätslehrern, vor allem bei solchen etwas abgelegener »Orchideenfächer«, die auf einem engbegrenzten Spezialgebiet einen hohen Kenntnisstand entwickeln, sich aber in der Beschränkung darauf auf dieses zurückziehen und sich für die übrigen Wissensgebiete und für das, was in der Welt vorgeht, nur wenig interessieren. Wir finden also, wenn auch in abgemilderter Form, das autistische Symptom der Objektfixierung in unserer modernen Gesellschaft wieder.

Die Veränderungsangst
oder die Angst vor dem Unbekannten

Schwieriger ist es mit der Veränderungsangst, dem Beharren auf einer gewohnten und gepflegten Ordnung. Das autistische Kind gerät, wie wir gesehen haben, in Angst, ja in Panik, wenn seine gewohnte Ordnung nicht eingehalten oder gestört wird, offenbar weil es sich vor jedem Neuen fürchtet und sich dabei existentiell bedroht fühlt.

Wir können daher die üblichen Gewohnheiten, die jeder Mensch entwickelt, nicht mit dieser Veränderungsangst vergleichen. Sie sind vielmehr ein gewisser Schutz vor Überforderung und sparen die Kräfte, die nötig wären, sich in immer neuen Situationen zurechtzufinden und eine gewisse Ordnung für die Leistungsfähigkeit dort aufrechtzuerhalten, wo sie benötigt wird.

Eine zunehmende Fixierung auf bestimmte Gewohnheiten und Rituale ist ein Zeichen des Alters und entspricht auch in diesen Fällen keiner Angst vor dem Neuen, sondern einem gewissen »Schongang« und einem zunehmend sparsamen Umgang mit den geistigen und/oder körperlichen Kräften.

Ganz gegen eine Veränderungsangst spricht der Zwang, der auf uns alle ausgeübt wird, uns immer neuen Moden anzupassen und uns immer neue Dinge anzuschaffen. Allerdings ist eine Beteiligung an der Mode eigentlich gerade keine Beteiligung an einer echten Veränderung, einfach deshalb, weil die Mode ja von fast allen mitgemacht wird und genau darin definiert ist, daß sich die meisten Menschen daran beteiligen. Man bleibt also insoweit doch in der gewohnten Gruppe und ihren Verhaltensweisen und Gewohnheiten, sei es bei der Kleidung als dem Prototyp jeder Mode, sei es in bestimmten modischen Verhaltensweisen, dem Besuch bestimmter Veranstaltungen und Ausstellungen, sei es beim Besuch bestimmter Länder und Sehenswürdigkeiten oder auch nur bei der Teilnahme am Jogging oder dem Volkslauf. Im

Grunde benötigt es oft mehr Kraft, sich nicht an der Mode zu beteiligen, als diese mitzumachen.

Ich habe mich beispielsweise im Alter – nicht ganz ohne Mühe – noch auf die Benutzung eines Personalcomputers eingestellt und dies auch bis zu einer für die tägliche Arbeit ausreichenden Art erlernt. Man steht dabei bald unter einer Art Zwang, sich mit den Angeboten neuerer und technisch verbesserter Modelle auseinanderzusetzen. Hier verspürt man einen gewissen Widerstand und eine gewisse »Veränderungsangst«. Dies ist aber wohl eher dem Alter zuzuschreiben. Junge Menschen sind im Gegensatz dazu hier geradezu begierig, Neues und Besseres kennenzulernen und sich anzueignen.

Beim Autismus steht die Veränderungsangst mit der Objektfixierung in einer engen Beziehung. Das autistische Kind fixiert sich wegen seiner Veränderungsangst auf bestimmte Objekte. Insofern können wir natürlich mit dem Spezialistentum und der zunehmenden Vertiefung in einzelne Wissensgebiete auch eine gewisse Angst oder wenigstens Scheu darin sehen, sich anderen Wissensgebieten zuzuwenden, weil wir fürchten, unser Spezialistentum, das wir mühsam erworben haben, einzubüßen, ohne sicher zu wissen, ob wir auf dem anderen Gebiet es ebenfalls zum Spezialisten bringen können. Auch das Interesse junger Menschen an immer neuen Computertechniken könnte somit mit einer Art »Veränderungsangst« zusammenhängen, nämlich dahin gehend, als es eine entscheidende »Veränderung« bedeuten würde, nicht mehr am allgemeinen technischen Fortschritt teilzunehmen und dazuzugehören.

Jedenfalls gibt es nur wenige, meist hochbegabte Menschen, die sich gerne immer neuen Wissensgebieten und technischen Möglichkeiten zuwenden, sie zu durchschnittlicher bis guter Kenntnis vertiefen, sich dann aber wieder einem anderen Gebiet zuwenden, weil das bisherige langweilig geworden ist. Sie sind zufrieden damit, sich bewiesen zu haben, daß sie das, was sie begonnen haben, gegebenenfalls auch könnten. Das reicht von unterschiedlichen theoretischen Wissensgebieten bis hin zur Fähigkeit, bestimmte neue Sportarten zu erlernen wie etwa das Surfen. So ist das Festhalten an bestimmten speziellen Interessen auch ein Schutz gegen die unübersehbare Fülle möglicher neuer Informationen.

Da die einzelnen Menschen sehr unterschiedliche Interessen pflegen, haben sie das Bedürfnis, sich mit gleichgerichteten Interessenten zu vereinen, zu Interessengemeinschaften zusammenzuschließen. Dies beschränkt aber dann wiederum die Kontaktmöglichkeit über diesen oft kleinen Verein hinaus.

Das Wechselspiel zwischen dem von der Mode und Werbung angeregten Bemühen, immer neue Länder und Erdteile kennenzulernen und anzuschauen auf der einen Seite, und dem Festhalten am Gewohnten auf der anderen, kann man darin erkennen, daß solche Reisen meist als Gruppenreisen, also mit vertrauten Mitreisenden, unternommen werden (natürlich spielen dabei auch die Kosten eine Rolle). Häufig werden dann gemeinsam deutsche Trinklieder gesungen, oder als US-Bürger freut man sich, ein McDonalds-Restaurant in der Fremde zu finden. Auch die Einförmigkeit aller First-class-Hotels auf der ganzen Erde entspricht im Grunde einer Veränderungsangst.

Die autistische Sprache oder der Fachjargon

Wie gezeigt wurde, entwickeln autistische Kinder und Jugendliche, sofern sie überhaupt sprechen, eine oft etwas eigenartige, etwas geschraubt und unangemessen wirkende Ausdrucksweise. Es entsteht schnell der Eindruck, daß die Sprache für diese Menschen nicht als Kommunikationsinstrument dient. Sie sprechen eher mit sich selber, oder in schwereren Fällen zeigen sie auch einfach nur Freude an bestimmten Lautfolgen oder einzelnen Worten, die sie zur ständigen Wiederholung animieren.

Einer solchen Entwicklung begegnen wir auch in unserer modernen Gesellschaft in steigendem Maße. Was wir an Verkehrszeichen, Richtungsschildern und Plakaten sehen, wenn wir durch eine Stadt gehen, dient ausschließlich der Information, nicht der Kommunikation. Das gilt auch für den gesamten Bereich der Werbung, selbst wenn diese sehr genau darauf achtet, wie sie beim Rezipienten ankommt und von diesem aufgenommen und verstanden wird. Dabei appelliert sie in der Regel an einfache Gefühlsempfindungen, sucht dabei aber nicht den persönlichen Kontakt, sondern lediglich zum Kauf oder zum Besuch einer Gaststätte oder Veranstaltung anzuregen.

Ja, man kann noch einen Schritt weitergehen: Die Bildmedien, die uns zur Verfügung stehen, mit denen wir konfrontiert sind, sind schon deswegen nicht auf Kommunikation eingestellt, weil wir sie passiv aufnehmen und kaum antworten und reagieren können. Nur in speziellen Fällen wird man zu einem Telefonanruf aufgefordert oder unternimmt ihn von sich aus. Aber auch dann kommt es nicht darauf an, einen persönlichen Kontakt herzustellen, sondern es geht meist nur um eine gezielte Information oder Gegeninformation.

Wenn in jüngster Zeit in Straßenbahnen und Omnibussen in manchen Städten wechselnde kurze Gedichte oder Sinnsprüche angebracht werden, so ist hierin vielleicht ein schüchterner Versuch zu sehen, über die reine Information hinaus auch das Gefühl des Lesers anzusprechen, ohne einen Werbezweck zu verfolgen oder eine Information zu geben, sondern einfach zu erfreuen oder anzuregen. Damit wird zwar auch keine Kommunikation hergestellt, immerhin aber eine gewisse emotionale Gemeinsamkeit unter den Menschen angesprochen und bewußtgemacht, ohne damit einen kommerziellen Vorteil für denjenigen, der das Plakat anbringt, zu erwarten.

Insgesamt ist aber eine Tendenz zu erkennen, die Sprache immer weniger als Kommunikations-, sondern überwiegend als Informationsmittel zu verwenden. Man könnte vermuten, daß die Sprache als eine ganz spezifisch menschliche Hochleistung ihren Höhepunkt während ihrer Entwicklung bereits überschritten hat, zumindest aber, daß sie wieder eine Wendung in eine weniger persönliche zwischenmenschliche Form genommen hat.

Deutlich wird diese Tendenz auch in der allgemeinen Verbreitung der sogenannten Piktogramme, also von Zeichen und vereinfachten Bilddarstellungen, die ebenfalls der Information dienen. Sie wurden erstmalig von dem Ulmer Graphiker Otl Aicher anläßlich der Olympischen Spiele in München entworfen und waren geeignet, im internationalen Sprachengewirr allgemeinverständlich zu sein. Inzwischen haben sie auf Bahnhöfen, Flughäfen und darüber hinaus rund um den Erdball Verbreitung gefunden. Sie ersetzen das geschriebene Wort und damit die Sprache. Auf diesem Wege sind aber nur konkrete Informationen, dagegen keine Gefühle, Empfindungen und abstrakte Begriffe zu vermitteln.

Andererseits erfordert eine Beteiligung an den elektronischen Netzen zunehmend wieder die schriftliche, das heißt die sprachliche Ausdrucksform. Die Analphabeten haben es da schwer. Allerdings handelt es sich dabei nur um die schriftliche Form sprachlicher Kommunikation und nicht um gesprochene Sprache. Und die Sprache, mit der wir in absehbarer Zeit unsere Computer steuern werden, wird vorläufig eine höchst primitive und wiederum eine nur informierende und nicht kommunizierende Sprachform bleiben.

Die Tendenz zur autistischen Sprache finden wir auch in den einzelnen Wissenschaftsgebieten und im Spezialistentum. Die Soziologen, die Mediziner, die Computerfachleute usw. pflegen eine eigene, den Nichtfachleuten kaum verständliche Sprache mit neuen, dem Laien völlig unbekannten Begriffen. In ihren Fachzeitschriften wenden sie sich damit nur an ihresgleichen. Aber auch schon früher bedienten sich die Seeleute, die Bergarbeiter, die Jäger und andere Berufs- und Tätigkeitsgruppen ihrer eigenen Sprache. Sie verwenden dabei meist allgemein gebräuchliche Worte und Begriffe, die auch andere Menschen desselben Kultur- und Sprachbereichs verstehen, sie geben ihnen aber eine eigene Bedeutung, die nur die Eingeweihten und Spezialisten verstehen können.

Dies ist im Grunde dieselbe Tendenz, die wir bei Kindern beobachten können, die mit ihren engsten Freunden, mit der »Bande«, eine »Geheimsprache« entwickeln, mit der sie sich von den anderen abgrenzen können. Je besser der einzelne die eigene Fachsprache versteht, desto höher steht er bei der sich aussondernden Gruppe im Ansehen. Auch hier geht es um eine Tendenz der Isolierung und der Kontaktvermeidung, nicht bei den einzelnen Menschen, aber bei der jeweiligen Gruppe.

Man muß auch daran denken, welche Beziehungsbarrieren und Mißverständnisse allein dadurch entstehen, daß es auf der Welt eine Unzahl verschiedener Sprachen gibt, die jeweils nur eine mehr oder weniger große Gruppe von Menschen verstehen und sprechen kann. Solange die Kontaktmöglichkeit über diese Gruppe oder Völker hinaus nicht oder nur wenigen möglich war, hatte das keine besondere Bedeutung. In einer Zeit aber, in der die Voraussetzungen gegeben sind, mit fast jedem Menschen auf dem Erdball per Telefon oder durch schnelle Verkehrsmittel auch persönlich in Kontakt zu kommen, entsteht aus dieser Vielfalt der Sprachen ein großes Kommunikationshindernis, was auch das Verständnis der verschiedenen Kulturen untereinander verhindert oder zumindest sehr erschwert.

Die Geschichte vom Turmbau zu Babel und der dabei zutage tretenden Sprachverwirrung kommt eigentlich erst jetzt in unserer Zeit der scheinbar unbegrenzten konkreten Kontaktmöglichkeit in ihrer ganzen Bedeutung zur Wirkung.

Entwicklungen
des gesellschaftlichen Autismus

Die Nebenrealität der Spezialisten

Die Verbindung von Kontakthindernis, Spezialisierung und Sprachbarrieren, also die Verbindung typisch autistischer Symptome miteinander, zeigt eigenartige Entwicklungen in unserer sich rasch verändernden technologisch bestimmten Welt.

Die umschriebene Spezialkenntnis fördert mit ihrer Tendenz, mit den anderen Spezialisten eine eigene »Geheimsprache« zu pflegen und sich damit nach außen abzuschotten, die Bildung vieler kleiner Gruppen, deren Kontakt zu den übrigen Menschen immer unwichtiger wird. Diese können dem Wissen der Spezialisten nicht mehr folgen und interessieren sich immer weniger dafür. Wenn die Kenntnisse der Spezialisten aber verlangt sind, benutzen diese gern ihre »Geheimsprache« und fühlen sich mächtig, wenn sie gebraucht, aber nicht verstanden werden. Das war bei den Ärzten schon immer so. Sie haben dies von den Medizinmännern und Schamanen übernommen. Das gleiche gilt für die Informationsnetze ebenso wie für das Verkehrsflugwesen oder auch für das Bank- und Börsenwesen. Wenn ein Wissenschaftler etwas in allgemeinverständlicher Weise veröffentlicht, dann setzt er sich bei uns − weniger in anderen Ländern − dem Vorwurf der Unwissenschaftlichkeit aus.

Der Inhalt der Kenntnisse der Spezialistengruppe wird so zu einer Nebenrealität neben der gemeinsamen Realität, die alle Menschen miteinander teilen, um sich verständigen zu können. Für die Spezialisten aber wird ihre Nebenrealität leicht wichtiger als die gemeinsame Realität. Sie wird zu deren Hauptrealität, und die Spezialisten verlieren ihren normalen Realitätsbezug.

Besonders eindrucksvoll zeigt sich das bei dem abgeschotteten und für nur ganz wenige Menschen verständlichen Derivatengeschäft an der Börse, bei welchem nicht einmal mehr mit konkret faßbaren Begriffen, sondern mit fiktiven Fakten umgegangen wird, etwa wie bei der höheren Mathematik oder Teilen der Philosophie, allerdings mit dem großen Unterschied, daß hier eine kleine Spezialistengruppe mit inzwischen ganz eingeschränkter Beziehung zur übrigen Welt große Wirkungen auf diese ausüben kann, offenbar ohne sich dessen immer bewußt zu sein.

Ähnliches gilt für die Auswirkungen des technischen Fortschritts auf die übrige Welt, welche die Erfinder und Betreiber dieses Fortschritts selbst gar nicht mehr überblicken können. Es müssen andere Spezialisten eingesetzt werden, diese Auswirkungen zu überprüfen und zu steuern. Die Herstellung der Beziehung zwischen Spezialisten und der übrigen Menschheit muß besonderen Spezialisten überlassen werden. Auch das sind autistische Symptome.

Der Journalist Gunter Hofmann von der Wochenzeitung *Die Zeit* meinte vor kurzem, auch die Politik erziehe oft genug zum Autismus.

Der Verlust des Einfühlungsvermögens und seine Ursachen

Wir können also festhalten, daß wir die für den kindlichen Autismus typischen Einzelsymptome auch in der modernen Gesellschaft verstärkt und verbreitet beobachten können, wenn auch in abgeschwächter oder unterschiedlich deutlich ausgeprägter Form.

Es findet sich demnach auch in der Gesellschaft ein gewisser Egozentrismus, eine Fixierung des einzelnen auf sich selbst mit zunehmender Unfähigkeit, sich als Glied einer großen Gemeinschaft zu erleben, sich aus den Augen des anderen zu betrachten und die Wirkung seines eigenen Handelns und Verhaltens auf diese anderen zu erfassen. Dieser Egozentrismus hindert den einzelnen daran, sein eigenes Handeln auch danach auszurichten, wie es bei seinem Gegenüber ankommen wird, welche Wirkungen es dort auslösen wird, wie Mißverständnisse vermieden werden und Empfindlichkeiten berücksichtigt werden können. Der Mensch verliert offenbar also ganz allmählich die Fähigkeit zur Empathie, zum Einfühlungsvermögen in den anderen.

Das kann mehrere Gründe haben:

Einmal lernt der Mensch während seiner ersten Lebensjahre aufgrund veränderter familiärer und gesellschaftlicher Situationen im Umgang mit Eltern, Geschwistern, Nachbarn und Verwandten nicht mehr ohne weiteres und ohne Mithilfe die notwendigen Erfahrungen zu berücksichtigen, die er im Umgang mit diesem kommunikativen Nahraum machen kann und machen muß. Wenn dem Kind diese Gelegenheit nicht mehr im notwendigen Umfang zur Verfügung steht, bleibt es gewissermaßen auf einer Entwicklungsstufe stehen, zumindest in diesem umschriebenen Teilbereich der sozialen Kommunikation. Der Mensch bleibt somit überwiegend Einzelwesen, Individuum, und verliert die Fähigkeit zur Kommunikation, aber damit vor allem auch die Fähigkeit zur Solidarität, und das heißt zur Fähigkeit, sich in eine Gemeinschaft einzufügen und in dieser eine für diese Gemeinschaft wichtige und verbindende Funktion zu übernehmen.

Außerdem könnte aber die Fähigkeit zur Empathie auch dadurch verlorengehen, daß unsere Lebensweise in einer überfüllten Welt, die den einzelnen zu erdrücken und als Individuum auszulöschen droht, immer weniger benötigt wird, ja, sie könnte hinderlich sein in der Durchsetzungsfähigkeit des einzelnen in einer auf Konkurrenz und Rivalität ausgerichteten Leistungsgesellschaft. Auch darauf wurde schon hingewiesen.

Mit der fehlenden Empathie verbindet sich aber auch egoistisches Verhalten, und dieses erfährt seine Bestätigung und Rechtfertigung aus dem Prinzip falsch verstandener freier Marktwirtschaft, nämlich dann, wenn sie nur noch als das Recht des Stärkeren interpretiert wird. Das wurde kürzlich an verschiedenen Stellen deutlich: Von Politikern und Vertretern der gesetzlichen Krankenkassen wurde der Vorschlag gemacht, angeblich gesunde Lebensweise zu belohnen und Verhaltensweisen mit statistisch gesicherten gesundheitlichen Risiken mit höheren Beiträgen zu belasten. Das heißt nichs anderes, als die Solidarität, die dem System der Pflichtkrankenkasse seit ihrem Bestehen zugrunde liegt, zu verlassen, so als ob jeder von vornherein dieselbe Chance hätte, gesund zu bleiben oder krank zu werden.

Ein noch drastischeres Bespiel ist das Verhalten der privatisierten Gebäudeschadenversichung. Bisher war dies eine Pflichtversicherung, in der die unterschiedlichen Risiken einer Schädigung der Gebäude durch Brand, Erdbeben (wenigstens in Baden-Württemberg), Überschwemmung und ähnlichem untereinander aufgeteilt wurden. Kaum privatisiert, kündigte diese Versicherung allen, deren Gebäude im vorausgegangenen Jahr durch Überschwemmungskatastrophen geschädigt worden waren, und verlangte von diesen höhere Beiträge. Die Solidarität wurde aufgekündigt, mit der Behauptung, niemand könne verpflichtet werden, für die höheren Risiken des anderen aufzukommen. Dabei war an den Überschwemmungskatastrophen wahrscheinlich die Gesellschaft als Ganzes schuld durch Flußbegradigungen und ähnliche Maßnahmen. Auch kann der einzelne ja nichts dafür, daß sein Großvater ein Haus dorthin gebaut hat, wo inzwischen eine Hochwassergefährdung entstanden ist.

Diese Tendenz, jeden für sich allein verantwortlich zu machen, scheint auf den ersten Blick einzuleuchten. Es wird aber übersehen, daß die Chancen im Leben grundsätzlich ungleich verteilt sind und ein Gemeinwesen ohne Solidarität und gegenseitige Hilfsbereitschaft auf die Dauer nicht existieren kann.

Schließlich – und daran wird man vor allem in der auffallenden Parallelität zur Krankheit Autismus denken – könnte auch eine evolutionäre Veränderung in der Gehirnfunktion des Menschen eine solche allgemeine Verhaltensänderung bewirken, wie sie hier an mehreren Beispielen aufgezeigt wurde.

Die hier geschilderte Entwicklung gilt zweifellos nicht oder noch lange nicht für alle menschlichen Gemeinschaften auf der Erde, wohl aber für die Gesellschaftsformen der westlichen und zivilisatorisch am weitesten entwickelten Gesellschaft.

Damit könnte die am Anfang dieser Erörterung gestellte Beobachtung des Taxifahrers, daß die Menschen einfach nicht mehr bemerken, wie sie den anderen Menschen stören und ihm im Wege sind, so interpretiert werden, daß die Menschen offenbar in vermehrtem Maße die Tendenz zum Autisten zeigen, zumindest dieselben Symptome entwickeln, die in deutlicher Ausprägung den frühkindlichen Autismus als ein psychopathologisches Problem definieren, und daß wir sozusagen dabei sind, allmählich alle autistisch zu werden.

Der gesellschaftliche Autismus und seine Ursachen

Woher rührt aber dieser Autismus, wenn man ihn als eine Form des Menschseins und nicht nur als ein umschriebenes Krankheitsbild begreifen will?

Man weiß über die Ursache der Krankheit Autismus noch wenig. Eine gewisse erbliche Komponente kann als gesichert angesehen werden, und damit liegt auch die Vermutung einer organischen Veränderung im Gehirn als zumindest einer mitwirkenden Ursache nahe. Dafür sprechen auch die Berührungen zwischen dem frühkindlichen Autismus und den sogenannten Teilleistungsschwächen, die wir in unterschiedlichen Schweregraden bei vielen Kindern beobachten können. Sie gleichen sich im allgemeinen im Erwachsenenalter weitgehend aus oder können durch eine entsprechende soziale und berufliche Anpassung weitgehend kompensiert werden.

Als Beispiel für eine solche Teilleistungsschwäche kann die allgemein bekannte Legasthenie, die Rechtschreibleseschwäche, gelten. Sie kann die kindliche Entwicklung, vor allem die soziale Entwicklung, erheblich stören, wobei daran unser spezielles Schulsystem einen wesentlichen Anteil hat. Mit zunehmendem Alter verliert sie an Bedeutung, wenn der davon betroffene Mensch sich einen Beruf sucht, in dem diese Schwäche nicht weiter auffällt und ihm keine Nachteile bringt. Aber auch diese Teilleistungsstörungen finden wir teils erblich, teils als Folge frühkindlicher organischer Veränderungen.

Dies schließt aber keineswegs aus, daß es sich um eine bestimmte epochale Weiterentwicklung unserer Gehirnfunktion handeln könnte, die im ständigen Wechselspiel mit den gesellschaftlichen Anforderungen, Hemmungen und Förderungen steht.

Bei manchen autistischen Kindern beobachten wir, daß deren Väter sich durch einen hohen und differenzierenden Intellekt auszeichnen, hinter dem ihre Emotionalität deutlich zurücktritt. Sie sind ein wenig »verkopft«. Auch wurde schon die Meinung geäußert, der kindliche Autismus sei eine Karikatur des Männlichen.

Man wird sich bei solchen Zuschreibungen von Eigenschaften der Familienangehörigen autistischer Kinder aber auch stets die Reaktionen vergegenwärtigen müssen, die ein solches Kind in einer Familie auslösen kann.

Wenn wir – sehr vereinfacht – Funktionen der rechten und linken Hirnhälfte des Menschen zu unterscheiden versuchen, dann unterstützt in aller Regel die linke Gehirnhälfte vorwiegend das differenzierende Denken, den Intellekt und auch die Entwicklung der Sprache, wogegen die rechte Gehirnhälfte mehr die Gefühlsempfindungen, vor allem aber die integrierenden Funktionen repräsentiert. Die linke Gehirnhälfte dient mehr dem analytischen Denken und der Varianz, die rechte mehr einer ganzheitlich synthetischen Funktion sowie der Invarianz, das heißt der Konstanz und Stetigkeit.

Geht man von diesem vereinfachten Modell aus, so kann man feststellen, daß die Entwicklung der Menschheit in den letzten Jahrhunderten vorwiegend eine Leistung der linken Gehirnhälfte darstellte, nämlich der Fähigkeit, zu unterscheiden, sich auf immer neue Möglichkeiten und wechselnde Situationen einzustellen und diese zu bewältigen, differenzierend und analytisch zu denken und daraus die Kenntnisse für eine noch nie dagewesene technische Entwicklung zu gewinnen.

Wenn man sich nun vorstellt, daß diese Entwicklung weiterschreitet und die Funktionen der rechten Gehirnhälfte damit nicht mehr Schritt halten, dann muß mit der Zeit diese theoretische Differenzierungsfähigkeit ihre notwendige Integration im Gesamtbereich menschlicher Bedürfnisse, in sein Fühlen und Empfinden, verlieren. Dies gilt insbesondere auch für die Fähigkeit, sich in den anderen hineinzufühlen und sich als Teil einer kooperierenden und gemeinsam lebenden und empfindenden Gemeinschaft zu erleben und in dieser Gemeinschaft zu wirken.

Gerade diese Entwicklung würde einer Tendenz zum Autismus entsprechen, für die der Mensch mit einem frühkindlichen Autismus die karikierte Übertreibung darstellt. Das Stehenbleiben auf der autistischen, egozentristischen Entwicklungsstufe kann dabei sicher nicht als reine milieureaktive Prägung angesehen werden, da autistische Kinder durchaus unauffällige, sozial angepaßte und empathiefähige Geschwister haben, die im selben Milieu und unter denselben sozialen Bedingungen aufwachsen. Der psychoanalytische Pädagoge Bruno Bettelheim glaubte lange Zeit, frühkindlicher Autismus sei nur die Folge einer emotionalen Vernachlässigung dieser Kinder, vor allem durch ihre Mütter.[13] Er hat damit ungewollt vielen Müttern bitteres Unrecht getan. Das oft zu beobachtende symbiotisch eingeengte Verhalten dieser Mütter ist vielmehr eindeutig eine Folge der fehlenden und mangelhaften Reaktion des Kindes auf die mütterliche Zuwendung, was diese verunsichert, verstört und manchmal auch abwegig werden läßt.

Ein einfacher Milieuschaden ist also wahrscheinlich weder die Krankheit Autismus noch die Tendenz, die ich als gesellschaftlichen Autismus bezeichne. Wohl aber könnte eine typische Entgleisung in der Weiterentwicklung des menschlichen Gehirns mitwirken.

Dies ist zweifellos eine Spekulation. Wenn man aber psychische Störungen nicht einfach nach dem traditionellen medizinischen Krankheitsbegriff einordnet, vor allem dort, wo man ein krankheitsverursachendes Mittel, einen Erreger oder eine typische Stoffwechselstörung nicht finden kann, dann sind Spekulationen notwendig, um solche und vergleichbare Entwicklungen auch verstehen zu können oder zumindest den Versuch zu machen, sie zu verstehen. Eine genetische Verursachung, welche durch eine nachweisbare erbliche Komponente naheliegt, würde nicht im Widerspruch zu der Annahme einer fehlgeleiteten Weiterentwicklung stehen, da ja solche Weiterentwicklungen durchaus durch Genveränderungen entstehen können und wohl schon seit jeher durch Mutationen und deren Auslese entstanden sind.

In diesem Zusammenhang ist auch die Frage wichtig, ob die Erscheinung des frühkindlichen Autismus in den letzten Jahrzehnten zugenommen hat oder ob er einfach in früheren Zeiten in seiner Eigenart nicht erkannt und erwähnt wurde. Er wurde, wie schon gesagt, in den Jahren des Zweiten Weltkriegs unabhängig in Amerika und in Österreich erstmals beschrieben. Es dauerte dann noch bis zum Ende der 50er Jahre, bis auch im klinischen Alltag der Kinder- und Jugendpsychiatrie in der Bundesrepublik die Eigenart dieses Krankheitsbildes festgestellt wurde. Seither wird die Diagnose ohne Zweifel häufiger gestellt, auch kann sich der klinisch tätige Arzt immer wieder an Fälle erinnern, die er früher gesehen, aber nicht als typischen frühkindlichen Autismus erkannt hat.

Es ist in einer solchen Situation immer schwierig, zu entscheiden, ob das häufiger diagnostizierte psychische Krankheitsbild tatsächlich häufiger auftritt, oder ob es einfach mit der weiter verbreiteten Kenntnis auch häufiger erkannt wird, ohne daß tatsächlich eine echte Zunahme anzunehmen gerechtfertigt wäre. Die Abgrenzung des Krankheitsbilds von anderen Formen geistiger Behinderung und von einfachen Charaktervarianten und psychischen Auffälligkeiten, die aber durchaus noch in den Normbereich gehören, ist schwierig, und die Abgrenzung ist fließend. Für statistische Untersuchungen ist es notwendig, definierte Grenzen zu ziehen, was aber zwangsläufig ein falsches Bild ergeben muß.

Wenn wir davon ausgehen, daß diese Art psychischer Störung und Auffälligkeit in den letzten Jahrzehnten tatsächlich allmählich zunimmt, dann wäre dies auch ein Hinweis auf die geschilderte charakteristische Entgleisungslinie in der menschlichen Entwicklung. Das aber ist, wie gesagt, eine Spekulation, die man nur aufmerksam und kritisch weiterverfolgen kann.

Formen des Nicht-erwachsen-werden-Könnens und des Nicht-erwachsen-werden-Wollens

Wie wir gesehen haben, ist das Krankheitsbild des frühkindlichen Autismus dadurch bestimmt, daß die Phase des Egozentrismus nicht oder nicht vollständig überwunden werden kann. Die wesentlichen Symptome dieser Krankheit, die wir im einzelnen besprochen haben, die Kontaktstörung, die Objektfixierung und Veränderungsangst, die eigenartige Sprache, sie lassen sich durch die Fixierung auf die eigene Person, eben auf den Autismus, zurückführen.

Die vollständige Fixierung auf diese Entwicklungsphase und ihre konsequente Beibehaltung können wir bei den ausgeprägten, schweren Fällen, dem Kanner-Autismus, feststellen. Bei den Asperger-Autisten dagegen kann diese Phase zum Teil, aber eben nicht vollständig überwunden werden, und es bilden sich die genannten Symptome in leichterer Form aus, so daß eine gewisse Sozialisierung, das heißt eine Eingliederung in die menschliche Gemeinschaft durchaus möglich ist. Sie ist aber immer erschwert, und die heranwachsenden Kinder, Jugendlichen und auch schließlich die Erwachsenen fallen durch diese Entwicklungsstörung immer wieder auf.

Bei den leichteren Fällen können wir sehr gut beobachten, wie sie allmählich doch lernen, sich auf ihre Mitmenschen einzustellen, sich in ihrem Verhalten besser anzupassen und weniger aufzufallen. Dieser Lernprozeß ist jedoch sehr mühsam. Es ist etwa so, wie man eine bestimmte Fertigkeit, etwa das Autofahren, erlernt. Dabei muß zunächst jede Handlung, das Lenken, das Schalten, das Einordnen in den Verkehr, ganz bewußt erfolgen. Nach einiger Zeit werden diese Handlungen selbstverständlich, gewissermaßen automatisch, und der Autofahrer, der das Fahren wirklich erlernt hat, braucht sich seine einzelnen Handlungen nicht mehr zu vergegenwärtigen, sie geschehen reflexartig, und er kann beim Autofahren an ganz andere Dinge denken, sich unterhalten und seine Aufmerksamkeit bis zu einem gewissen Grad wenigstens auch auf andere Dinge richten.

In der gleichen Weise kann auch der nicht allzu schwer betroffene autistische Patient den Umgang mit seinen Mitmenschen erlernen. Allerdings wird dies für ihn meist nicht zu einem ganz selbstverständlichen, spontanen und keine besondere Überlegung benötigenden Verhalten, es fehlt ihm die natürliche Spontaneität. Wenn er einmal unüberlegt reagiert, dann benimmt er sich fast regelmäßig wieder sehr auffällig und unangepaßt. Aber er lernt im Laufe der Jahre sich mit seiner Schwäche abzufinden und leidet nicht mehr so stark darunter, wie in den Jahren vor, während und nach der Pubertät, in denen er sein Anderssein wirklich gewahr wird und deswegen oft sehr erregt, überschießend und scheinbar unberechenbar reagiert. Die Autisten werden etwa Mitte des dritten Lebensjahrzehnts ruhiger und lernen sich besser anzupassen und sich in ihrer Lage zurechtzufinden. Vielleicht spielt dabei aber auch die Umgebung eine Rolle, die gelernt hat, sich auf die Autisten einzustellen und sie zu akzeptieren.

Wir haben auch gesehen, daß wir solche egozentristisch bestimmte Verhaltensweisen selbst bei »normalen« Menschen beobachten können, ja, es besteht ein nicht unbegründeter Verdacht, daß solche, dem Autismus entsprechenden, ich-bestimmten Verhaltensweisen in unserer Zeit offenbar zunehmen.

Man könnte daraus folgern, daß der Einzelmensch sich in unserer Zeit, zumindest in unserer westlichen Welt, doch immer mehr auf sich selbst besinnt, er wird zum Individualisten und löst sich damit bis zu einem gewissen Grad aus der Solidarität mit seinen Mitmenschen. Dies wurde schon bei der kleinen, eingangs berichteten Geschichte deutlich: Es ist keine Rücksichtslosigkeit, sondern ein »Nicht-an-den-anderen-Denken«. Rücksichtslosigkeit als eine gewollte aggressive Handlung einem anderen gegenüber setzt eine Beziehung zu diesem anderen voraus, freilich eine negative, aber immerhin eine Beziehung. Ohne Beziehung kommt es zu keiner Rücksichtslosigkeit. Wenn ich aber an den anderen, an meinen Mitmenschen überhaupt nicht denke, dann ist zumindest in diesem Augenblick auch keine Beziehung zu ihm vorhanden.

Wir haben es also beim frühkindlichen Autismus in der schweren und in der leichteren Form mit einer Unfähigkeit zu tun, mit der Unfähigkeit, über eine bestimmte kindliche Entwicklungsphase hinauszugelangen. Wir können davon ausgehen, daß es sich hier um einen »Defekt« handelt, um eine wahrscheinlich hirnorganisch bestimmte Störung, wie wir sie auch bei sogenannten Teilleistungsstörungen kennen. Dies sind beispielsweise Legasthenie, Farbenblindheit, die beeinträchtigte Fähigkeit, Handlungsprogramme aufrechtzuerhalten, die Raumlagelabilität mit der Schwierigkeit, sich hinsichtlich des Ortes zu orientieren, an dem man sich befindet, zu dem man zurückkehren will und von dem aus man zu einem anderen Ort gehen will, ja im

Extremfall auch sensorische Störungen wie Blindheit oder Taubheit.

Es besteht also eine gewisse Unfähigkeit oder eingeschränkte Fähigkeit, diese kindliche Entwicklungsphase zu überwinden. Diese Menschen bleiben in diesem engen, aber für das Zusammenleben mit den anderen Menschen wichtigen Teilbereich in ihrer frühen Kindheit stecken. Sie können aufgrund ihrer Behinderung nicht *ganz* erwachsen werden.

Da sie in ihrer übrigen Entwicklung, vor allem bei den Asperger-Fällen, in ihrer intellektuellen Entwicklung sich sehr wohl die Kenntnisse, die erwachsene Menschen brauchen, aneignen können, entsteht eine gewisse Diskrepanz zwischen ihrer intellektuellen Fähigkeit und ihrem Verhalten.

Wenn es hier um ein »Nicht-Können« geht, also aufgrund einer organischen Behinderung, wie etwa ein Mensch mit einem gelähmten Bein in seiner Fortbewegung behindert ist, zeigen die anderen, bereits geschilderten psychischen Störungen, daß es Kinder und Jugendliche gibt, die nicht erwachsen werden »wollen«. Diese Störungen, diese Formen von »Unwilligkeit«, sind in den letzten Jahrzehnten gerade in der westlichen Industriegesellschaft offenbar deutlich häufiger geworden.

Die Suche nach Abhängigkeit

Was ist Erwachsensein?

Alle Kinder und Jugendlichen werden erwachsen, ob sie wollen oder nicht, zumindest in bezug auf ihr Lebensalter und damit auch auf die Erwartungen ihrer Mitmenschen ihnen gegenüber. Wie aber verhalten sie sich dann, wenn sie, willentlich oder nicht, tatsächlich erwachsen geworden sind, zumindest, was das Lebensalter anbelangt?

Bevor diese Frage beantwortet werden kann, müssen wir klären, was es eigentlich bedeutet, erwachsen zu werden beziehungsweise erwachsen zu sein.

Man denkt vielfach an die Sexualität, wenn es um die Frage des Erwachsenwerdens geht. Sex als Ausweis, ein Erwachsener zu sein. Das galt vor allem so lange, als sexuelle Aktivität – oder sagen wir besser: genitale Aktivität – bis zur sozialen Selbständigkeit im Grunde verboten war. Damit wurde die Sexualität zum Zeichen der Reife. Das ist jedoch eine eher äußerliche Betrachtung.

Das Erwachsensein wird man vielmehr am ehesten damit definieren, daß man typisch kindliche Bedürfnisse überwunden hat. Wenn wir also die Grundbedürfnisse eines Kindes aufzählen und feststellen können, daß diese Bedürfnisse keine oder nur noch eine geringe Bedeutung haben, dann können wir von einem Menschen sagen, er sei wirklich erwachsen geworden.

Das würde heißen, daß das Grundbedürfnis der *Geborgenheit*, das für jedes Kind in den ersten Lebensjahren eine Grundbedingung zu einer hinreichenden psychosozialen Entwicklung bedeutet, im Erwachsenenalter nicht mehr vorhanden ist. Anders ausgedrückt: Der Erwachsene müßte nun ein gewisses Maß an »Entbergung« aushalten, das heißt ein Fehlen oder besser die

Freiheit von Geborgenheit, er bräuchte den Schutz anderer nicht mehr so unbedingt, weil er die Gefahren erkennt und weiß, wie er damit fertig werden kann, er wüßte, daß er sie vermeiden kann, ja daß er sie nicht scheut, wenn es gilt, sich ihnen auszusetzen, um andere Ziele zu verwirklichen. Das bedeutet, daß er sich aufgrund seiner bisherigen Erfahrung mit sich selbst in der Lage fühlt, mit Schwierigkeiten und Widrigkeiten, die auf ihn zukommen können, selbst fertig zu werden.

Das bedeutet aber auch, daß die Suche nach dem Nervenkitzel einer Gefahr um dieses Reizes willen etwas mit Erwachsensein zu tun hat. Dies ist geradezu eine spezifische Eigenschaft der heranwachsenden Jugendlichen, die auf der Suche nach riskanten Situationen ihr Erwachsensein erproben wollen, sei es zur eigenen Bestätigung, sei es, um im Kreise der Altersgenossen Anerkennung zu finden. Der wirklich Erwachsene hingegen wird jederzeit das Risiko und den dabei zu erreichenden Zweck und das Ziel gegeneinander abwägen, wobei es um das Ziel geht und nicht um die eigene Bestätigung oder die Bewunderung durch andere.

Was für die Geborgenheit gilt, entspricht auch dem Bedürfnis der *Sicherheit*, welches für das Kind charakteristisch ist. Sicherheit und Geborgenheit hängen eng miteinander zusammen. Zur Geborgenheit gehört das Bewußtsein einer persönlichen Bindung zu einer anderen Person, welche die Geborgenheit verspricht und sicherstellt. Das hieraus entstehende Gefühl ist das der Sicherheit. Für sich genommen bedarf sie aber nicht mehr unbedingt einer Beziehungsperson, welche sie garantiert.

Der Erwachsene wird also auch auf ein gewisses Maß von Sicherheit verzichten können und Unbestimmtheit und Unsicherheit zu ertragen vermögen.

Hierher gehört auch die *Abhängigkeit* von anderen Menschen. So wie das Kind nur in einer Abhängigkeit, einer Gebundenheit an eine andere Person, im allgemeinen an die Eltern, psychisch gesund heranwachsen kann, so sollte der Erwachsene diese

Bindung zu seinen Eltern nicht mehr in Kindesart benötigen. Die Beziehung des Erwachsengewordenen zu seinen Eltern sollte mehr der zu älteren Freunden entsprechen. Das wird oft nicht gelingen, weil unbefriedigte Reste und enttäuschende Erfahrungen aus der Kindheit auch später noch mitspielen können und eine völlig bruchlose Lösung nicht zulassen. Es ist wohl eine andere Art von Bindung, die auch der Erwachsene benötigt.

Dies gilt zunächst nur für unseren westlichen Kulturkreis. Es wachsen auf der Welt ja Millionen von Kindern ohne stabile Beziehung zu zwei Eltern auf, und wir können nicht behaupten, daß sie zwangsläufig alle psychisch beeinträchtigt bleiben müssen. Aber viele werden doch daran scheitern, und diejenigen, die unter solchen Bedingungen standhalten, können das dadurch, daß sie früher erwachsen und reif werden. So wie bei uns manche Scheidungskinder den Zwiespalt zwischen den Eltern dadurch bewältigen, daß sie gewissermaßen ihre Pubertät vorverlegen und auf ein paar Jahre Kindsein verzichten.

Das Kind bei uns jedenfalls empfängt durch diese persönliche Bindung die Wertmaßstäbe und Ordnungsstrukturen, in die es hineinwächst. Der Erwachsene hingegen sucht eine Bindung in einer eher gleichberechtigten Partnerschaft, etwa in der Ehe oder beim Lebenspartner und der Lebenspartnerin, jedenfalls nicht in einer hierarchisch angeordneten Gebundenheit und Abhängigkeit.

Das Kind wiederum ist noch selbstunsicher, vertraut seinem eigenen Ich noch nicht, orientiert sich statt dessen an den das Kind umgebenden Erwachsenen oder auch an den Gleichaltrigen, deren Anerkennung und Bestätigung es benötigt, um allmählich eine gewisse Selbstsicherheit zu gewinnen. Ist es etwas älter geworden, orientiert es sich an Idealgestalten aus Fernsehserien, Filmen oder der Literatur.

Diese Selbstsicherheit sollte nun im Erwachsenenalter so weit erworben sein, daß man sie auch gegen die Meinung eines Teils der Menschen, mit denen man zusammenlebt, aufrechtzuerhalten vermag, daß man sich als Erwachsener seiner Einstellung, seiner Haltung und seiner Ziele einigermaßen sicher geworden ist und nicht mehr unter dem Zwang steht, sich den anderen anzupassen.

Natürlich ist diese Art von Selbstsicherheit und Unabhängigkeit auch im Erwachsenenalter noch begrenzt, und völlig unabhängig und ungebunden kann auch ein Erwachsener in einer Gemeinschaft kaum leben, will er sich nicht außerhalb dieser Gemeinschaft stellen. Dennoch ist eine gewisse Unabhängigkeit und Selbständigkeit im Urteil ein wesentliches Kriterium für das Erwachsensein.

Ein schon genanntes Beispiel hierfür ist die Mode. Sie lebt davon, daß die Menschen im Grunde gar nicht selbständig sein wollen und auch ihre Eigenart gar nicht nach außen zeigen möchten. Sie fühlen sich wohl, wenn sie so in Erscheinung treten wie die meisten Menschen um sie herum. Dabei läßt die beste Mode noch einen gewissen individuellen Spielraum zu, im großen und ganzen aber schafft sie eine Einheitlichkeit, die durchaus gesucht wird, obwohl jeder von sich selbst meint, ein Individualist zu sein. Das ist ihr Unterschied zur Uniform, die diesen individuellen Spielraum nicht zuläßt, sondern das Individuum einverleibt, ganz unabhängig von dem damit oftmals verbundenen sozialen Renommee, das sie verleiht.

Natürlich hat die Neigung, sich in eine Gemeinschaft äußerlich einzufügen, auch eine positive Seite, und wir empfinden jeden, der ganz bewußt aus dieser Gemeinschaft heraustritt, indem er jede Mode vernachlässigt und sich auch äußerlich einen eigenen ungewöhnlichen Stil gibt, als jemanden, der sich auch sonst außerhalb der Gemeinschaft stellt oder der aus Eitelkeit Beachtung um jeden Preis finden will – was in jedem Fall auch eine Form neurotischen Verhaltens bedeutet.

Es geht also beim Erwachsensein nicht darum, sich unbedingt außerhalb der Gemeinschaft zu stellen – gerade dies ist ein Kennzeichen relativer Unreife, eine puberale Haltung, die nicht mehr Kind, aber auch noch nicht souveräner Erwachsener ist –, sondern um die Fähigkeit, sich ganz bewußt in eine notwendige Gemeinschaft einzuordnen, ohne sich selbst aufzugeben.

Ähnlich ist es mit den Vorbildern. Das Kind benötigt Vorbilder, an denen es sich orientieren kann. Sie sind für das Kind am besten erfaßbar, wenn sie sich in einer bestimmten, dem Kind zugänglichen Person manifestieren, also etwa im Vater oder in der Mutter, im älteren Geschwister oder in einem nahen Verwandten oder Nachbarn. Der Erwachsene benötigt solche Vorbilder nicht mehr, er hat sie inzwischen internalisiert, und zwar nicht mehr in der Gestalt einer ganz bestimmten Person, sondern in einer Komposition aus verschiedenen Menschen, denen er im Laufe seines bisherigen Lebens begegnet ist, von denen er gehört oder auch gelesen hat und von denen man sich jeweils eine bestimmte Eigenschaft, eine bestimmte Haltung oder Einstellung zu eigen gemacht hat.

So ist es eigentlich ein Charakteristikum eines erwachsen gewordenen Menschen, daß er den »reinen Helden« nicht mehr benötigt, den »Ritter ohne Furcht und Tadel«. Vielmehr hat er erfahren, gelernt und auch akzeptiert, daß es den reinen Helden gar nicht gibt, daß jeder Mensch auch seine Schwächen hat, ja, daß er ohne solche Schwächen eigentlich gar kein Mensch mehr ist.

Das heißt nicht, daß man nicht Vorbilder sucht, von Menschen erfahren möchte, die mit dem Leben auf gute Weise zurechtgekommen sind, die ihr Leben erfüllt gelebt und anderen viel bedeutet haben. Aber auch diese haben, wie alle Menschen, Schwächen. Dennoch bleiben sie anzuerkennende, ja bewundernswerte Persönlichkeiten. Die infantile Form der Heldensuche ist enttäuscht, wenn sie solche Schwächen entdeckt, und sie neigt dazu, sich von ihm abzuwenden, dem Helden, der keiner mehr ist. Wie ich später noch zeigen will, entspricht dies einer typisch kindlichen Einstellung: entweder gut *oder* böse, entweder stark *oder* schwach, aber nicht beides zugleich.

Nun finden wir zweifellos unter den erwachsenen Menschen

viele, die diese Kriterien des Erwachsenseins nicht erfüllen, sondern in noch deutlicher Weise Geborgenheit suchen, unsicher sind, in Abhängigkeit verharren und alles andere als selbstsicher sind. Wir brauchen solche »unreife Erwachsene« jetzt keineswegs unter psychisch Kranken, unter neurotischen Menschen zu suchen. Die Neurose ist geradezu dadurch zu definieren, daß mehr oder weniger ausgedehnte Persönlichkeitsanteile noch nicht ausgereift sind und diese kindlichen Bedürfnisse nicht überwunden werden konnten. Dabei kann es sein, daß diese Bedürfnisse in der Kindheit in ungenügender Weise angeboten wurden, deshalb nicht positiv erfahren werden konnten und darum im Erwachsenenalter noch versucht wird, sie nachzuholen. Es kann auch sein, daß die äußeren sozialen Bedingungen so gestaltet waren, daß die Überwindung kindlicher Bedürfnisse und die Reifung und Ablösung des Jugendlichen von seinen Eltern nicht möglich gewesen ist.

Wir haben zeigen können, daß das Festhalten an der Kindheit oder auch die Rückkehr in die Kindheit, die Regression, ein beim Menschen grundsätzlich pathogenetisches Prinzip darstellt, um mit einer solchen Hilfskonstruktion mit dem Leben doch noch fertig zu werden.

Wir müssen also unter den »gesunden« Erwachsenen suchen und uns umsehen, ob sie die von uns entwickelten Kriterien des Erwachsenseins im allgemeinen erfüllen oder nicht. Sicherlich kennen wir die eine oder andere Persönlichkeit, die in dem genannten Sinne als erwachsen angesehen werden kann, bei der zumindest diese infantilen Bedürfnisse nicht auffallen und hervortreten.

Die Angst vor dem Erwachsenwerden

Wir haben bis jetzt zwei krankhafte Gründe gesehen, die ein Verharren im psychischen Zustand des Kindes bedingen können: den Menschen einerseits, der an frühkindlichem Autismus leidet und deshalb gar nicht in der Lage ist, erwachsen zu werden. Es fehlen ihm Fähigkeiten, sich von kindlichem Denken und Erleben frei zu machen. Der reifungsneurotische Mensch andererseits hätte diese Fähigkeiten, aber nimmt sie nicht wahr, weil er Angst vor dem Erwachsensein hat. Der eine kann nicht, der andere will nicht erwachsen werden. Und beide Gründe nehmen – so scheint es zumindest – in der Bevölkerung der westlichen Welt zu. Ob dabei die zwingenden Gründe des frühkindlichen Autismus wirklich zunehmen, wissen wir nicht. Auch sind sie wohl eher körperlicher Art und schicksalhafter Natur.

Wir können auch eine Tendenz, dem Erwachsenwerden auszuweichen, beobachten, die nicht als krankhaft, nicht als neurotisch im psychiatrischen Sinne zu bewerten ist. Ich meine die da und dort verbreitete und von manchen Jugendlichen gerne vertretene Ideologie des »Hier und Jetzt«, die empfiehlt, sich ganz der Gegenwart zuzuwenden und nicht der Zukunft. Sie wirkt sich oft so aus, daß Jugendliche eine zukunftsweisende Ausbildung ablehnen nach dem Moto: Auch als Zeitungsausträger oder in wechselnden Jobs kann ich Geld verdienen und meine Wünsche befriedigen.

Zu einer solchen Einstellung trägt zweifellos auch die Unsicherheit der Aussichten auch für differenzierte Berufe bei. Diese waren aber nach dem Krieg für viele heimgekehrte Soldaten auch nicht sicherer. Mir wurde damals von scheinbar kompetenter Stelle gesagt, ich müsse als Arzt bei den vielen entlassenen Wehrmachtsärzten einmal mit einer Stelle mit dem Honorar von DM 1.000,- *im Jahr* zufrieden sein. Tatsächlich dauerte es ziemlich lange, bis ich nach meinem Staatsexamen und längerer unbezahlter Tätigkeit als Arzt eine bezahlte Stelle fand. Später bekam ich eine mit einem Monatsgehalt von DM 125.-. (Das war damals allerdings viel mehr als heute, aber doch nicht ausreichend zum Leben.) Solche Aussichten haben aber damals kaum jemand abgehalten, eine gute Berufsausbildung anzufangen. Daß es dann bald sehr viel besser wurde, konnten wir zunächst nicht ahnen. Dabei war ich kein Sonderfall. Das ging vielen meiner Studienkollegen und Freunden in anderen Berufsrichtungen genauso.

Ist das Vermeiden einer Auseinandersetzung mit der Zukunft nicht aber auch eine Angst und eine Flucht vor dieser Zukunft, und damit auch ein Vermeiden des Erwachsenwerdens?

Die Beschränkung auf die unmittelbare Gegenwart ist auch ein Schutz gegen diese Angst. Ich kenne einen polnischen Juden, der als Junge mit 13 Jahren in ein Zwangsarbeitslager kam und in einem Rüstungsbetrieb in Polen bei schwerer Arbeit Mißhandlungen, Hunger und Bedrohungen ausgesetzt war. Er konnte nur dadurch überleben, daß er damals nur in der Gegenwart lebte, sich keine Gedanken um die Vergangenheit und den Verlust aller seiner Angehörigen machte und auch nicht an den nächsten Tag dachte. So registrierte er die Befreiung durch die Rote Armee emotional in keiner Weise und konnte sich erst im Alter mit psychotherapeutischer Hilfe allmählich wieder daran erinnern. Der Verzicht auf Vergangenheit und Zukunft ist offenbar eine dem Menschen mögliche Schutzreaktion.

Woher rührt aber nun die offenbar zunehmende Weigerung, die Möglichkeit, erwachsen zu werden, wahrzunehmen?

Die Umweltfaktoren für die Kindheit heute

Das Schul- und Bildungssystem

Die Verhältnisse in der ersten Hälfte des 20. Jahrhunderts

Wie bei jedem menschlichen Verhalten kommen hier sicher sehr viele verschiedene Ursachen und Wirkungen zusammen. Eine davon aber, davon bin ich überzeugt, ist unser Schul- und Bildungssystem, wie es zur Zeit bei uns und grundsätzlich nicht anders auch in anderen westlichen Industrienationen praktiziert wird. Was hat sich da geändert?

Im alten Land Württemberg, in dem ich in den Jahren vor dem Dritten Reich die Grundschule besucht habe, gab es Noten in einem sehr differenzierten Notensystem. Beste Note war die Note 8 für »vorzüglich«, die schlechteste die Note 1 für »ganz ungenügend«, und am Ende des Schuljahrs stand in dem Zeugnis schon vom Ende der ersten Klasse ab, daß der Schüler Fritz Maier oder Franz Müller mit einem »Zeugnisdurchschnitt von 5,4 der siebte bis neunte unter 22 ordentlichen Schülern« war. Man wurde also ganz genau eingereiht und wußte, man war schlechter in seinen Noten wie die ersten sechs und besser als die restlichen 13 Schüler.

Auch erzählten mir meine Eltern, daß früher zu Beginn jedes Schuljahrs die Schüler »gesetzt« wurden, und zwar folgendermaßen: Die besten kamen in die hinterste Reihe, die schlechtesten ganz nach vorne. Die Bankreihen bestanden damals und auch noch bis über den Zweiten Weltkrieg hinaus aus doppelsitzigen Bänken, meist in drei, manchmal in vier Reihen nebeneinander angeordnet. Das »Setzen« hatte den pädagogisch durchaus sinnvollen Zweck, daß die schlechten Schüler besser unter der unmittelbaren Kontrolle des Lehrers standen.

Dennoch war diese Klassifizierung und auch die auf die Stelle hinter dem Komma definierte Durchschnittsleistung damals keineswegs von besonderer Bedeutung. Ich kann mich wenigstens nicht erinnern, daß – von einem gewissen Stolz über ein relativ gutes Zeugnis abgesehen – das Ganze eine große Bedeutung gehabt hätte. Allerdings bestimmte sehr viel weniger die effektive Schulleistung, objektiviert von der Note mit dem Komma, darüber, ob das Kind nach der vierten Grundschulklasse in eine weiterführende Schule, also ins Gymnasium oder, wie sie im Dritten Reich hieß, in die Oberschule überwechselte, als vielmehr die soziale Stellung der Eltern, die es sich leisten konnten, ihr Kind bis zum Abitur ins Gymnasium und anschließend auf die Universität gehen zu lassen. Der Besuch des Gymnasiums kostete damals noch Schulgeld, und eine längere Ausbildungszeit bedeutete auch eine längere Zeit finanzieller Abhängigkeit vom Elternhaus.

Natürlich war eine gewisse Mindestvoraussetzung in den Schulleistungen notwendig, aber die Schwelle fürs Gymnasium, die über eine eigene Aufnahmeprüfung dort bewältigt werden mußte, war nicht sehr hoch, weil auch die Zahl der Bewerber eher begrenzt war.

Ich erinnere mich noch, wie in der vierten Klasse ein in seiner Schulleistung sehr guter Mitschüler nicht mit zur Aufnahmeprüfung ins Gymnasium kam, weil seine Eltern – der Vater war wohl einfacher Arbeiter – ihn nicht aufs Gymnasium schicken wollten oder konnten.

Ähnlich war es dann auch mit dem Abitur. Ich habe mein Abitur während des Zweiten Weltkriegs abgelegt, man hat zweifellos dafür gelernt und auch ordentliche Noten erreichen wollen, aber im Grunde waren es nur ganz wenige in der Klasse, die darum fürchten mußten, das Abitur nicht zu bestehen. Im Krieg gab es dabei noch die Möglichkeit, daß diejenigen, die vor Abschluß der letzten Klasse zur Wehrmacht eingezogen wurden, meistens ein »Notabitur« bestätigt erhielten, so daß von denen, die mit meinem Jahrgang die letzte Gymnasialklasse, damals noch die achte, mit einem regulären Abitur abschlossen, keiner durchgefallen war. Diejenigen, die durch frühzeitigen Weggang ein Notabitur erhielten, mußten es zwar nach Ende des Krieges, wenn sie studieren wollten, an der Universität noch einmal ablegen, aber das war auch keine ernstliche Hürde.

Jedenfalls hatte es kaum eine Bedeutung, mit welcher Note das Abitur abgelegt wurde. War es bestanden, war man auch berechtigt zu studieren. Es gab keinen Numerus clausus, der wurde erst für die Medizin unmittelbar nach dem Krieg wegen Überfüllung und dann Ende der 60er Jahre erneut eingeführt, später auch in anderen Fächern.

In der Zeit, als der Numerus clausus eine große Rolle zu spielen begann und sich alle dafür interessierten, mit welcher Durchschnittsnote ein Gymnasiast sein Abitur abgelegt hatte, erkundigte sich ein pfiffiger Journalist bei den Lehrstuhlinhabern der Medizin an der Universität Tübingen, welchen Notendurchschnitt sie in ihrem – durchwegs vor Kriegsende – abgelegten Abitur erreicht hatten. Es stellte sich heraus, daß nur ganz wenige davon nach den zur Zeit der Umfrage geltenden Kriterien die Zulassung zum Medizinstudium erhalten hätten. Ich hatte Mühe, mir zu vergegenwärtigen, welchen Durchschnitt ich eigentlich erreicht hatte; ich gehörte aber »glücklicherweise« zu denen, die auch unter den neuen Bedingungen ihre Zulassung erreicht hätten. Wenig später hätten sie aber dafür auch nicht mehr ausgereicht.

Ich will damit sagen, daß bis zur Einführung des Numerus clausus zwar eine gute Schulnote zu erreichen dem natürlichen Ehrgeiz junger Menschen entsprach, daß sie aber gleichwohl für nur einen ganz geringen Teil von ihnen wirklich zukunftsentscheidend war. Über die Laufbahn bestimmte neben dem Schulerfolg noch viel mehr der soziale Status, aus dem das Kind kam, und von diesem hing im großen und ganzen auch seine Vorstellung von seinem eigenen Lebensweg und Lebensziel ab. Man

nahm etwa bis zum Zweiten Weltkrieg noch sehr viel selbstverständlicher an, daß man innerhalb des sozialen Rahmens bleiben
werde, der von den Eltern vorgegeben war.

Natürlich gab es immer Aufsteiger, die mit Ehrgeiz und Fleiß
und oft mit entbehrungsreicher Unterstützung durch die Eltern
sich in eine bessere, gehobene soziale Position hinaufarbeiten
konnten, und es gab auch – selbst wenn darüber im allgemeinen
nicht geredet wurde – Versager, die die gehobene Position ihres
Elternhauses nicht mehr erreichen konnten.

Das galt eigentlich nur für die damals noch schmale obere
Mittelschicht der Beamten, Ärzte und Juristen, einschließlich der
Höheren Verwaltung. Die Wirtschaft, die sich schon seit dem
vergangenen Jahrhundert auszudehnen und an Bedeutung zu
gewinnen begann, wurde im wesentlichen noch vom Handwerk
getragen, und noch bis zum Zweiten Weltkrieg waren die
Wirtschaftsführer großer Unternehmen meist keine Akademiker.

Daß diese Aufstiegsmöglichkeiten heute viel mehr als früher
auch den weniger privilegierten Bevölkerungsschichten ermög-
licht wurden, ist ein wesentlicher Fortschritt und im Grunde eine
entscheidende Voraussetzung für eine echte Demokratie. Eine
wirkliche Chancengleichheit, wie sie vielfach gefordert und
propagiert wird, ist bis heute nicht erreicht. Das Kind aus
sogenannter gebildeter Familie erfährt eben von klein auf viel
mehr geistige Anregung und auch mehr Förderung und Hilfe
während der Schulzeit als das Kind, dessen Eltern ihm dies
mangels eigener Bildung oder mangels Zeit und Mittel nicht
bieten können. Jedoch sind das Angebot und die Chancen für
eine viel breitere Bevölkerungsschicht offener, als das noch bis
zum Zweiten Weltkrieg möglich war.

Die Differenzierung durch das Schulsystem

Damit stand die Bildungspolitik aber vor der Aufgabe, frühzeitig
auszulesen und zu differenzieren. Dagegen ist einzuwenden, daß

eine frühe Differenzierung und Auslese die oft erst später einsetzenden Entwicklungsmöglichkeiten nicht berücksichtigen kann. Bei vielen Kindern ist es nicht möglich, schon mit zehn oder elf Jahren festzustellen, welche Leistungsfähigkeit sie einmal erbringen werden. Diese Feststellung verlangt jedoch unser dreigliedriges Schulsystem. Das wäre noch in Kauf zu nehmen, wenn die Auslesekriterien sich auch wirklich nach den Bedürfnissen richten würden, die der spätere Beruf in sehr unterschiedlicher und differenzierter Weise von dem Auszubildenden verlangen wird. Aber anstatt daß man es, wie das in den angloamerikanischen Ländern üblich ist, den zuletzt ausbildenden Instituten, also den Universitäten, überläßt, nach welchen Kriterien sie ihre Studenten für die einzelnen und sehr unterschiedlichen Fächer auslesen will, überläßt man diese Auslese gern den Gymnasien. Dabei entspricht es einer uralten Tradition, daß die Universitäten nie mit dem Leistungsniveau der Abiturienten zufrieden waren, sondern sich schon immer darüber beklagten, daß dieses immer schlechter werde. Das war im Grunde schon Anfang des 19. Jahrhunderts zur Zeit von Wilhelm von Humboldt so.

Die Gymnasien aber haben diese Auslesefunktion gar nicht ungern übernommen, weil es ihr Prestige hob und vor allem den Lehrern mehr Macht übertrug. Manche disziplinären Schwierigkeiten waren leichter mit der Drohung zu überwinden, daß es von der Schule abhing, ob der betreffende junge Mann oder das junge Mädchen einmal den Beruf werde ergreifen können, den er oder es wollte.

Da man andererseits diese Entscheidung aber auch nicht mehr der Willkür des einzelnen Lehrers und der einzelnen Schule überlassen wollte, schuf man sehr normierte Curricula und vor allem ein zentrales, für alle Abiturienten einheitliches Abitur. Zunächst waren es nach dem Zweiten Weltkrieg die von den Franzosen besetzten Länder, die das Zentralabitur aus französischer Praxis einführten, später wurde es auch von anderen Bundesländern übernommen.

Damit aber gewann die Schulnote einen völlig übersteigerten Wert, und sie mußte um jeden Preis objektiviert werden. Es kam also überhaupt nicht mehr darauf an, ob der Schüler sich in die Klasse gut integrierte, ob er ein guter Geist für die Klasse war, ob er etwas für die Gemeinschaft tun konnte und sich kooperativ zeigte, sondern es war ausschließlich wichtig, welche Noten er in einem bestimmten Fach erreichte, und diese Noten mußten notfalls auch vor dem Verwaltungsgericht bestehen.

Eine Mutter beklagte sich beispielsweise bei mir, daß, wenn sie in die Schule gehe, um sich nach ihrem Sohn zu erkundigen, die Lehrer und Lehrerinnen in einer völlig einheitlichen Bewegung das Notenbuch aus der Tasche zogen, um nachzusehen, welche Note ihr Kind erreicht habe oder voraussichtlich erreichen würde. Dabei wollte die Frau vielmehr wissen, wie ihr Kind sich in der Klasse benehme, ob es Freunde habe, wie es mit dem Lehrer umgehe und wie es sich sozial zurechtfinde. Darüber konnte ihr kein Lehrer oder keine Lehrerin befriedigend Auskunft geben.

Um die Noten hieb- und stichfest zu machen, genaugenommen verwaltungsrechtlich nachprüfbar, mußten sich die Lehrer notgedrungen auf meßbare Leistungen stützen, die jederzeit kontrollierbar und nachvollziehbar waren. Gerade soziale und emotionale Leistungsfähigkeit waren nicht meßbar und konnten daher auch keine Rolle spielen. Es gab zwar noch allgemeine Noten für Mitarbeit, die spielten aber letztlich für das Versetzungszeugnis keine besondere Rolle.

Damit konnte die Schule auch keinerlei Rücksicht mehr darauf nehmen, ob die abgefragte und bewertete Leistung auch von solcher Art sei, wie sie in dem von dem Schüler oder der Schülerin anzustrebenden Beruf einmal von Bedeutung wäre. Das heißt, es wurde nach Kriterien ausgelesen, die für die spätere berufliche und allgemein soziale Leistungsfähigkeit möglicherweise überhaupt keine Bedeutung mehr hatten.

Dieser Aspekt war gerade in der Medizin offenkundig. Der Beruf des Arztes ist so vielseitig und variantenreich, er reicht vom Laborarzt über den beamteten Arzt am Gesundheitsamt zum Chirurgen und Geburtshelfer, vom naturwissenschaftlichen Internisten bis zum Psychiater und Psychotherapeuten. In jedem Teilgebiet der Medizin sind andere Fähigkeiten verlangt, die aber keineswegs im einzelnen vorher im Abitur oder auch im Physikum erfaßt werden können.

Wenn man, wie dies geschehen ist, für die Medizin schließlich nur noch Abiturienten zuließ, die allerbeste Noten erreichen konnten, so gewann man durch diese Auslese eine Auswahl, die für den Arztberuf zum Teil nur wenig oder nur durchschnittlich geeignet war. Es wurde einmal nachgeprüft, welches Schulfach am besten mit einem erfolgreichen Medizinstudium korrelierte, und es war das Fach der Musik, das rein statistisch am ehesten ein erfolgreiches Medizinstudium garantierte. Dabei kann man auch zweifellos völlig unmusikalisch sein, um trotzdem ein guter Arzt zu werden.

Man hat später diese Einseitigkeiten erkannt und versucht, durch Losverfahren – was immer noch das Gerechteste wäre – oder durch Testuntersuchungen die Auswahl zu erweitern, auch wurde mit Wartezeiten für die Geduldigen, die es sich leisten konnten, noch ein Hintertürchen aufgemacht.

Die Folgen der Schulnoten

Bei der großen Bedeutung der Schulleistung für die Zulassung zum »erfolgreichen Leben«, wie sie den Schülerinnen und Schülern eines Gymnasiums wenn nicht ausdrücklich, so doch durch die jeden Tag zu erlebenden Fakten eingebleut wurde, war es nicht verwunderlich, daß viele sensible Jugendliche vor diesen angeblichen Lebensanforderungen zurückschreckten und Angst davor bekamen. Dies wurde vor allem dadurch verstärkt, daß gerade die emotionale Seite, die Fähigkeit zur zwischenmenschlichen Beziehung, keinerlei Beachtung fand und daß gerade derjenige, der sich rücksichtslos auf seine Ellenbogen verließ und dem Mitschüler, der einige Tage krank war, nicht mitzuteilen bereit war, was in der Zwischenzeit durchgenommen worden war, um seine Chance zu verbessern und die des anderen zu verschlechtern, am ehesten Aussicht hatte, im Leben Erfolg zu haben.

Der große Andrang in höhere und differenziertere Ausbildungen führte dazu, daß die Ausbildungsstätten für unterschiedliche Berufsrichtungen sich bequemerweise auch an das Schulzeugnis hielten, wenn sie die Bewerber für diese Berufslaufbahn aussuchten. So wurde beispielsweise für den Beruf der Erzieherin oder des Erziehers – früher sagte man Kindergärtnerin – mindestens die Mittlere Reife, häufig das Abitur gefordert, auch die Kunstakademien, die Künstler auszubilden haben, verlangten das Abitur, obwohl dies mit der künstlerischen Fähigkeit des einzelnen überhaupt nichts zu tun hat. Aber die Abiturnote ist eben ein bequemes und jederzeit abrufbares und unanfechtbares Kriterium.

Manche der Ängstlichen und Sensiblen, die vor dieser Auswahl, die angeblich die Situation im Erwachsenenleben widerspiegelte, zurückscheuen und sich nicht trauen, diese Anforderungen zu bewältigen, flüchteten und flüchten sich in eine neurotische Schulangst. Diese bilden nur einen kleinen Teil derjenigen, die an diesem System scheitern. Die Robusteren unter ihnen ziehen sich in den Protest zurück, rebellieren und reagieren sich außerhalb der Schule in irgendeiner Weise ab. Wieder andere haben nicht die Fähigkeit, sich in eine Neurose zurückzuziehen, die sie unmittelbar in ihrer elterlichen Abhängigkeit als Kind erhält, sie resignieren, werden depressiv und entfliehen einer bedrohlichen und offensichtlich nicht zu bewältigenden Realität, indem sie zu Drogen greifen, um so mehr, als sie in der Szene sich unter ihresgleichen finden, und es ist immer besser, gemeinsam zu scheitern als ganz allein nur für sich. Der Jugendpsychiater kennt viele Fälle von Reifungsdepressionen und

Identitätskrisen, die das Gefühl des ewigen und unaufhaltsamen Scheiterns mit Drogen oder Alkohol zu überspielen suchen oder schließlich sogar im Suizid enden.

Daß es im Grunde auch ohne Noten geht, zumindest bis kurz vor dem Abitur, zeigen die Waldorfschulen und ihre Pädagogik. Selbst wenn man gegenüber der Anthroposophie und ihren ästhetischen Ansprüchen Vorbehalte hat und die oft elitäre und auf andere Weise ausgrenzende Art der Waldorfschulen skeptisch beurteilt, muß man einräumen, daß die Kinder, die diesen Schulzweig mit Erfolg durchlaufen, bis kurz vor dem Abitur von der Belastung der ständigen Leistungsmessung verschont sind. Von einem Leiter einer hohen Bundesbehörde habe ich einmal erfahren, daß er mit Vorliebe Absolventen der Waldorfschulen in seine Behörde berufe, weil er mit diesen am besten zusammenarbeiten könne. Zumindest kann man davon ausgehen, daß diese Schüler fast ihre ganze Schulzeit über gerne zur Schule gegangen sind, was man von den Schülern der Staatsschulen nur noch in Ausnahmefällen behaupten kann.

Warum gibt es eigentlich Schulnoten?

Es gibt erfahrene und auch kritische Pädagogen wie den vor wenigen Jahren verstorbenen Direktor des Max-Planck-Instituts für Bildungsforschung in Berlin-Dahlem, Hellmut Becker. Sie sind der Meinung, Noten seien zwar ein Übel, aber ein notwendiges, und man könne nicht darauf verzichten. Demgegenüber ist festzuhalten, daß die Noten im Grunde nicht den Schülern dienen, denn man könnte ihnen auch sagen, ob ihre Leistung richtig war, und man könnte Fehler korrigieren und auch rot unterstreichen, aber notwendig sind die Noten nicht. Sie dienen als Machtinstrument dem, der sie erteilt, und es ist für einen Schüler zu keiner Zeit notwendig und hilfreich, zu wissen, ob er »besser« ist als sein Mitschüler oder »schlechter«.

Überhaupt: Die Bewertung »besser« und »schlechter« enthält,

ob sie will oder nicht, immer auch eine moralische Bewertung, die hier völlig unangebracht ist. Es wird einfach nicht wahrgenommen, daß es eigentlich heißen müßte »in dieser und jener Fähigkeit besser«, oder »in diesem und jenem Fach schlechter«. Trotz aller pädagogischen Bemühungen gelingt es nicht, die Notengebung von der Bewertung des ganzen Menschen und seinem Charakter zu abstrahieren.

Die ständigen Prüfungen – beginnend mit Diktaten, Aufsätzen in der Schulklasse, Abfragen von zu lernenden Wörtern über Klassenarbeiten, Aufnahme-, Zwischen- und Abschlußprüfungen, der Mittleren Reife, dem Abitur, während des Studiums die Zwischenprüfungen, das Vordiplom und schließlich das Diplom beziehungsweise das Staatsexamen – dienen im Grunde alle nur der Auslese und nicht einer wirklichen Kontrolle der Leistungsfähigkeit. Allenfalls wird geprüft, wie stabil jemand über sein Wissen verfügt, auch wenn er unter dem psychischen Druck einer angemeldeten oder unangemeldeten Klassenarbeit steht, auch wenn er weiß, daß von seiner Prüfung vielleicht seine Versetzung in die nächste Klasse, vielleicht sogar sein ganzer Berufsweg und sein vermeintliches Lebensziel davon abhängen könnten. Hält er all diesen psychischen Belastungen stand, ohne einen Blackout zu bekommen und ohne nichts mehr zur Verfügung zu haben, was er am Abend vorher noch gewußt hat, dann hat er zweifellos etwas geleistet. Ist diese Leistung aber später für das Leben im Beruf irgendwie sinnvoll und erforderlich?

Nach der letzten Prüfung vor Beginn des Berufslebens kann man einigermaßen sicher sein, daß man von nun an nie mehr eine Prüfung machen muß, es sei denn eine, die nichts mit dem ursprünglichen Fach zu tun hat. Im tatsächlichen Beruf, sei es einfache Arbeit, sei es die Tätigkeit als Handwerker, als Beamter oder Akademiker, nie mehr wird man in einem Minimum an Zeit und mit einem Minimum an Hilfsmitteln ein Maximum an Wissen zur Verfügung haben müssen. Fast jede Berufstätigkeit besteht zu über 90 Prozent aus Routine, aus der Wiederholung dessen, was man immer wieder tut, was man gestern getan hat und morgen wieder tun wird, jeweils mit mehr oder weniger großen Varianten, die aber keine grundsätzlich neuen Fragen stellen.

Stellt sich ein neues Problem, so hat man fast immer Zeit, darüber mit den Kollegen oder Mitarbeitern zu sprechen, sich darauf vorzubereiten oder auch einfach schlaue Bücher nachzuschlagen, die einem bei der Entscheidung helfen können. Überhaupt scheint es viel wichtiger zu sein, daß man während der Schule und während des Studiums lernt, in welchen Büchern man nachschlagen und wo man einschlägiges Wissen erfragen oder nachlesen kann.

Auch den sehr diffizilen und für viele Menschen lebenswichtigen beruflichen Entscheidungen, etwa den Entscheidungen des Flugkapitäns im Jumbo-Jet, geht eine lange, ganz überwiegend praktisch orientierte Ausbildung voraus, teils am Simulator, teils als Copilot. Und das gilt im Grunde für fast alle Berufe. Die Prüfung dient also nicht demjenigen, der sie ablegt, sondern nur demjenigen, der sie ablegen läßt.

Jedenfalls sind Benotungen nicht geeignet, dem größeren Teil der Schüler, Studenten, Auszubildenden und Lernenden Selbstgefühl und vor allem auch ein Vertrauen zu vermitteln, sich später einmal in der konkreten Berufstätigkeit, das heißt in der Erwachsenenwelt behaupten zu können. Dabei hat fachliche Leistung eigentlich nichts mit menschlicher Qualität zu tun. Grundsätzlich verbietet es sich, Menschen nach ihrem Wert oder Unwert zu klassifizieren. Das gilt nicht nur für Schüler, sondern auch für Erwachsene. Aber wenn man dies Schülern und Schülerinnen vom sechsten Lebensjahr ab bis zum Staatsexamen mit beinahe 30 Jahren, also während eines Drittels ihres ganzen Lebens, beständig vorexerziert, dann werden sie auch später als selbständige Erwachsene nicht bereit sein, auf diese Qualifizierung ihrer Mitmenschen zu verzichten.

Man kann die Frage stellen, ob solche Bewertungen, die

natürlich nicht nur von den Noten allein abhängen, letztlich nicht auch ihren Anteil an der sogenannten Euthanasie im Dritten Reich, an der Vernichtung »lebensunwerten Lebens« hatten.

Die Bemühungen der Reformpädagogik

Zu allen Zeiten, seit es Schule gibt, haben sich Pädagogen über die Pädagogik Gedanken gemacht, Reformen vorgeschlagen und teilweise auch mit Erfolg praktiziert. Solche Bemühungen haben unser Schulsystem im Laufe der Zeiten verändert und den sich ändernden gesellschaftlichen Bedingungen bis zu einem gewissen Grad angepaßt. Dennoch bleibt diese Entwicklung hinter den eigentlichen Bedürfnissen zurück, weil die Schulpolitik in einer sich immer mehr differenzierenden pluralistischen Gesellschaft in die Zwangslage kommt, sehr unterschiedlichen Interessen und Forderungen in dieser Gesellschaft ausgesetzt zu sein. Im Bemühen, diesen Wünschen und Anforderungen zu entsprechen, verliert sie die eigentliche Aufgabe der Schule, den Kindern und ihren sozialen Entwicklungsbedürfnissen gerecht zu werden, aus den Augen.

Die Bemühung um ein für die ganze Bundesrepublik einheitliches System, dem die Kultusministerkonferenz der Länder dient, erschwert die Durchsetzung von Reformen und macht sie fast unmöglich. Die unterschiedlichen Interessen, auch die unterschiedlichen und wechselnden wissenschaftlichen Theorien führen dazu, daß Neuerungen einseitig oder nur in einem unbefriedigenden Kompromiß eingeführt und alsbald auch wieder zurückgenommen werden.

Erst kürzlich einigte sich die Kultusministerkonferenz mühsam auf eine neue Abiturordnung, die für alle Abiturienten die Pflichtfächer Deutsch, eine Fremdsprache und Mathematik verlangt. Letzteres zu einem unerläßlichen Bestandteil einer Voraussetzung zu einem Hochschulstudium zu erklären, ist sachlich kaum zu begründen, denn die in der Oberstufe der Gymnasien vermittelte Mathematik ist später für die wenigsten akademischen Berufe von wesentlicher Bedeutung. Da wäre es noch sinnvoller gewesen, Informatik zum Pflichtfach zu machen. Ohne eine gewisse Kenntnis dieses Faches wird man tatsächlich in Zukunft in kaum einem differenzierteren Beruf auskommen. Allerdings kann man auch davon ausgehen, daß viele Jugendliche sich zumindest Grundkenntnisse in diesem Fach längst vor dem Abitur selbst und ohne die Schule angeeignet haben werden. Der Beschluß der Kultusminister läßt bei ihren Beschluß – und das ist verhängnisvoller – unberücksichtigt, daß es eine nicht geringe Anzahl von Menschen gibt, die von klein auf kein Verständnis für mathematische Probleme hat – wohl eine Form einer Teilleistungsschwäche –, dennoch aber sehr intelligent und besonders kreativ sein kann. Diesem Personenkreis verwehrt man ohne Not und Sinn den Zugang zu einem höheren Beruf – zum Schaden der Allgemeinheit, so wie der Numerus clausus für Medizin manchen guten Arzt verhindert hat.

Das alles führt zu einer Beunruhigung und Verunsicherung sowohl der Schüler und Schülerinnen wie auch deren Eltern. Tatsächlich kann es ja wohl ein einheitliches, allen begründeten Erwartungen entsprechendes Schulsystem gar nicht geben.

Dennoch versuchen viele engagierte Lehrerinnen und Lehrer, als auch manche Eltern, das Beste aus den gegebenen Verhältnissen zu machen und in den Schulen im Rahmen der Bestimmungen – und manches Mal auch etwas davon abweichend – Bedingungen zu schaffen, die den Bedürfnissen der Kinder entgegenkommen.

Man könnte sich mit der Feststellung zufriedengeben, daß die Mehrzahl der Schüler und Schülerinnen sich in der Schule zurechtfindet und sich auch schließlich zu einem befriedigenden Leben durchsetzt. Dabei werden aber die Opfer des Systems ihrem Schicksal überlassen, was teilweise zumindest vermeidbar wäre, wenn die Lehrkräfte ihre Aufgabe weniger in der Stoffvermittlung und mehr in der Erziehung zur Selbständigkeit und

Selbstsicherheit der Kinder sehen würden und ihnen dabei mehr gestaltende Freiheit eingeräumt und von diesen wahrgenommen würde. Ansätze dazu gibt es in einigen Bundesländern.

Vorbilder hierzu finden sich in vielen Formen von Reformschulen, die allerdings meist aus der staatlichen Einengung in Landschulheime ausgewichen sind. Damit waren sie dann oft nur einer beschränkten gesellschaftlichen Schicht offen, wenn auch zunehmend Jugendämter bereit sind, die Kosten einer solchen Beschulung zu übernehmen. Auch die nach der Wende wiedererstandene Jenaer Planschule könnte ein solches Vorbild sein.

Der emeritierte Tübinger Professor für Pädagogik Andreas Flitner und die von ihm geleitete Akademie für Bildungsforschung bemühen sich um eine Schule, die den Bedürfnissen der Kinder in einer sich wandelnden modernen Welt gerechter wird. In einem Aufsatz in der Wochenzeitung *Die Zeit* hat er im Juni 1995 erneut die eigentliche Aufgabe der Schule in heutiger Zeit deutlich gemacht, nämlich die Erziehung zur Demokratie, und wie dies in jeder Schule realisiert werden könnte. Demokratie lernen – besser: erfahren – heißt aber nichts anderes als Verantwortung für andere erfahren und lernen.

Die Bedeutung der Medien

Zu unserem Bildungssystem ist seit wenigen Jahrzehnten ein weiteres System getreten, das im allgemeinen gar nicht zur Bildung gerechnet wird, sondern zur Unterhaltung: die Bildmedien.

Vor und während der Aufklärung verbreitete sich bei uns die Fähigkeit des Lesens zunehmend unter dem Volk. Was bis dahin eine Bildungsmöglichkeit nur für eine kleine, elitäre Bevölkerungsschicht darstellte, wurde immer mehr Menschen aus allen Schichten zugänglich. Dies mag zur Französischen Revolution ebenso beigetragen haben wie zur Aufklärung als solcher.

Der Einschnitt, den die bewegten Bilder, der Film, vor allem das Fernsehen und die Videos, in jedem Haus bedeuten, wird noch immer nicht in seiner großen und nachhaltigen psychischen Bedeutung erkannt, nur in seiner wirtschaftlichen. Überläßt der Lesestoff die bildliche Ausgestaltung des Inhalts der Phantasie des Lesers und dessen Verarbeitungsvermögen, so zwingt das bewegte Bild dem Zuschauer seine eigene Version auf. Er kann sich ihr nicht entziehen. Eine befreundete Kollegin machte mich darauf aufmerksam, daß dies schon Goethe wußte. In einer seiner *Zahmen Xenien* schreibt er:

> *Dummes Zeug kann man viel reden,*
> *Kann es auch schreiben,*
> *Wird weder Leib noch Seele töten,*
> *Es wird alles beim alten bleiben.*
> *Dummes aber vors Auge gestellt*
> *Hat ein magisches Recht:*
> *Weil es die Sinne gefesselt hält,*
> *Bleibt der Geist ein Knecht.*

Das gilt ganz besonders für Kinder, wobei Kleinkinder zusätzlich noch Probleme damit haben, Wirklichkeit und Darstellung auseinanderzuhalten.

Daß diese Bildmedien eine nachhaltige Wirkung auf die Menschen haben, hat bis jetzt nur die Werbung voll erkannt. Da sie unter der Rubrik »Unterhaltung« angetreten ist, hat man sie nicht als Herausforderung an die Bildungspolitik gesehen. Man hat sich zwar ein wenig Gedanken darüber gemacht, ob es wohl für Kinder gut sei, all das anzusehen, was offenbar Erwachsene – oder wer sich dafür hält – gerne ansehen. Und Produktionen, die man Kindern lieber nicht zeigen wollte, wurden auf den späteren Abend verschoben. Dabei muß man aber davon ausgehen, daß alles, was gesendet wird, auch von Kindern gesehen wird. Das gilt im selben Maße für die zahllosen Videos, und wenn diese unter Jugendverbot fallen, werden sie um so interessanter und werden unter den Tischen weitergereicht. Und was für Jugendliche besonders interessant ist, übt auch auf Kinder eine große Anziehungskraft aus.

Was zu den gängigen Sendezeiten im Fernsehen angeboten und von den Kindern mitgesehen wird, entspricht aber keineswegs der Unterstützung zum Erwachsenwerden, zur Befreiung von kindlichen Bedürfnissen. Es dient vielmehr der nachträglichen Bewältigung von Frustrationen in der Phantasie, zur Identifikation mit dem Starken, der sich rücksichtslos durchsetzen kann. Jedenfalls sind die am meisten gewünschten Filme der letzten Jahre solche wie beispielsweise die Rambo- und Terminator-Filme, welche zur Angstbewältigung bei Erwachsenen beitragen und den Jugendlichen als Idealbilder vorschweben. Besonders auch für Kinder produzierte Filme wie »Kevin allein zu Haus« gehen in ihrer Tendenz ganz auf Kosten der »Bösewichte«, die gefährlichen schädigenden Handlungen ausgesetzt werden, ohne ein Mitgefühl oder eine Mitverantwortung für den anderen, für den »Bösen« auch nur anzuregen. Das alles wirkt in einer gelesenen oder gehörten Geschichte vergleichsweise harmlos, nicht aber in einem der Wirklichkeit nahe scheinenden Film.

Die erzieherische Wirkung des Fernsehens liegt aber nicht allein darin, daß mit aggressiven Streifen das kindliche Mitempfinden von Kindern zum eigenen Schutz zurückgedrängt und abgestumpft wird, daß die egoistische Durchsetzungshaltung ohne Rücksicht auf andere gefördert wird, sondern mehr noch darin, daß eine Welt vorgespielt und plastisch vorgelebt wird, die mit der Realität des späteren Lebens wenig oder gar nichts zu tun hat. Das gilt besonders für die Werbung. Den Kindern wird somit der Übergang zur Wirklichkeit und das heißt auch zum späteren Erwachsenwerden unnötig erschwert.

Damit sind Zeichentrickfilme für Kinder vorzuziehen, da sie nicht versuchen, eine irreale Wirklichkeit vorzuspiegeln, sondern schon durch ihre Karikatur zeigen, daß es sich um eine fiktive

Welt handelt. Damit erleichtern sie die Unterscheidung zwischen Phantasie und Realität.

Die Bildmedien könnten zweifellos viel zur Bildung beitragen – und in begrenztem Umfang tun sie es auch –, indem sie den Wissenshorizont erweitern können, wenn die Angebote dazu wahrgenommen würden. Aber Erziehung ist gar nicht das Ziel der Filmproduktion, schon vollends nicht, seit das auf die Werbeeinnahmen angewiesene Privatfernsehen zu einer Konkurrenz ohne Kontrolle und Verantwortung für das öffentlich-rechtliche Fernsehen installiert wurde.

Im großen und ganzen erziehen die Filme viel mehr zur emotionalen Anregung und Abreaktion, vor allem der Angst, und damit zur Angstabwehr, zur Selbstsucht, zur Rücksichtslosigkeit, zur Rivalität. Die Unterhaltung wird zur emotionalen Selbstbefriedigung ohne Beteiligung anderer Menschen, also zu einer autistischen Beschäftigung.

Um nicht mißverstanden zu werden: Nichts gegen eine gute Unterhaltung, auch nichts gegen einen guten Krimi. Aber die Produzenten der Videobranche sollten sich der besonders prägenden Wirkung ihrer Produkte, nicht nur bei Kindern und Jugendlichen, und der damit verbundenen Verantwortung bewußt sein.

Dabei geht die Entwicklung der elektronischen Medien rasant weiter mit der Tendenz zu einer weltweiten Vernetzung aller Informationen, der unwichtigen und wertlosen ebenso wie der bedeutungsvollen, und daran nehmen die Jugendlichen, aber immer auch die Kinder teil. Im Grunde wäre es zu begrüßen, wenn die Erwachsenen sich hierbei nicht mehr von der nachfolgenden Generation abschotten könnten, sondern diese, ob die Erwachsenen wollen oder nicht, an ihrer Welt teilnehmen lassen müßten.

Bei den Kindern kann es dabei allerdings leicht zu Überforderungen kommen, wenn sie mit diesen für sie fremden Bildern und Informationen alleingelassen werden. Sie werden mit einer immer realistischer scheinenden virtuellen Welt konfrontiert, und manches Kind – wie heute auch schon mancher scheinbar Erwachsene – wird Probleme damit bekommen, diese Scheinwelt immer von unserer gemeinsam als real erlebten Welt abzugrenzen.

Möglicherweise lernen unsere Kinder aber sich schneller und besser auf den »Datenautobahnen« zurechtzufinden, als wir Erwachsenen uns das heute vorstellen können. Nur: Das enthebt uns nicht der Verantwortung dafür, welche Welt wir den Kindern und Jugendlichen – und uns selbst – vorgaukeln und sie damit auch in ihrem Wesen prägen – sicher nicht weniger als durch unser Schulwesen, eher mehr.

Die Erwachsenen und die Kinder- und Jugendapartheid

Die Ausgrenzung der Jugend

Es sind nicht nur die Schule und die Berufsausbildung mit ihrer großen Ferne von echter produktiver Tätigkeit, von eigentlicher Arbeit, die sich in nicht enden wollenden Sandkastenspielen und theoretischem Auswendiglernen erschöpfen, welche den Kindern und Jugendlichen Angst davor vermitteln, ob sie sich einmal als Erwachsene bewähren könnten. Es sind vor allem die Erwachsenen selbst, die wesentlich dazu beitragen: Die Erwachsenen schließen die Jugendlichen von ihrer Welt der Erwachsenen weitgehend aus.

Dabei möchte jedes Kind, kaum ist es den Windeln entwachsen, eigentlich immer genau dasselbe tun wie die Erwachsenen, mit denen es zusammenlebt. Diesem Streben der Kinder von frühester Jugend an verdankt unsere Spielwarenindustrie ihren Erfolg. Früher war es die Puppenstube, welche eine Erwachsenenwelt im kleinen darstellte und dem Kind sich als Möglichkeit anbot, so zu tun, als ob es ein Erwachsener wäre. Die Mädchen spielen und spielten mit Puppen, die sie in der Regel genau so behandeln, wie sie selbst behandelt werden, manchmal, wie sie gern behandelt würden, manchmal auch, wie sie fürchten, daß sie behandelt werden könnten, und die Jungen spielen mit Autos, genau wie ihre Eltern. Daneben gibt es noch viele andere Möglichkeiten, in kindlicher Weise »berufstätig« zu sein, die Doktortasche mit dem Stethoskop, der große Stall mit den Tieren, mit denen man einen Bauernhof zusammenstellen kann, so wie man ihn vielleicht im Urlaub erlebt hat. Auch Polizist oder Soldat kann man spielen. Früher war vor allem der Soldat eine begehrte Identifikationsfigur mit seinen technischen und mörderischen Möglichkeiten, die dem Kind das Gefühl vermitteln konnten, immer der Stärkere zu sein.

Das alles ist aber Ersatz und verweist das Kind in seine Phantasie, in der es sich so verhalten kann, wie es glaubt, daß die Erwachsenen es tun. Das ist auch gut so, denn in der Phantasie kann ein Kind tatsächlich sehr viel vorwegnehmen oder nachholen und auch verarbeiten und überwinden. Wenn es dabei nicht allein ist, sondern ältere und jüngere Geschwister oder Freunde und Freundinnen aus der Nachbarschaft hat, mit denen es sich in diese Phantasiewelt hineinbegeben kann, bringt das eine wichtige Erweiterung.

Manchmal ist auch die Großmutter oder die Tante bereit, bei diesen Phantasiespielen mitzumachen, die sich oft immer in derselben Weise wiederholen und für den Erwachsenen mitunter sehr ermüdend sein können. Aber sie sind hilfreich und nützen dem Kind, das diese Möglichkeiten hat. Vielen Einzelkindern bleibt dies vorenthalten, denn auch im Kindergarten wird diese Entfaltungsmöglichkeit nicht sehr häufig angesprochen.

Das Spielzeug, so wichtig es ist, hält aber das Kind davon ab, sich an der Arbeit der Erwachsenen zu beteiligen. Wir müssen annehmen, daß in früheren Jahrhunderten, als die meisten Menschen in der Landwirtschaft tätig waren, mit Haustieren, im Garten und auf dem Feld, daß die Kinder damals – noch vor jeder Schulpflicht – mit den Eltern zu deren Arbeit mitgegangen sind. Zunächst mußten sie zusehen, und sie spielten vielleicht mit dem, was sich gerade in ihrer Phantasie dazu anbot. Nach kurzer Zeit konnten, durften, ja mußten sie mithelfen, soweit es ihre Kräfte zuließen und zweifellos manchmal auch darüber hinaus. Sie erlebten also von klein auf, was die Welt der Erwachsenen bedeutet, wie die Erwachsenen sich verhalten und wie sie mit der Arbeit und miteinander dabei umgehen.

Diese Möglichkeiten der Erfahrung sind sehr viel weniger geworden, ja, für viele Kinder gibt es sie nicht mehr. Ich habe mich als Kinder- und Jugendpsychiater immer wieder gewundert, wie wenig die Kinder darüber Bescheid wissen, was ihre Eltern eigentlich tun. »Mein Papa geht arbeiten.« Mehr war nicht zu erfahren, und sie konnten auch nicht beschreiben, was der Vater oder die Mutter tut oder was sie sich darunter vorstellen, was sie tun könnten.

Diese Tendenz hat sich bei der zunehmenden Trennung von Wohn- und Arbeitsplatz mit der Arbeitsspezialisierung erheblich verstärkt und ist heute zur Selbstverständlichkeit geworden. Sie führt dazu, daß die Kinder und Jugendlichen nichts von der Arbeitswelt der Erwachsenen, und diese macht ja den wesentlichen Teil der Erwachsenenwelt aus, wissen können.

Und das ist noch problematischer geworden, seit es eine Unzahl von Berufsmöglichkeiten gibt, an die früher niemand dachte. Für die schmale Mittel- und Oberschicht gab es noch im letzten Jahrhundert im Prinzip nur den Beruf des Lehrers, des Offiziers, des Arztes und des Juristen und Verwaltungsbeamten. Dazu kamen die wenigen Naturwissenschaftler, welche an den Universitäten Lehre und Forschung betrieben. Heute gibt es eine unübersehbare Menge vielfältiger und höchst unterschiedlicher differenzierter Berufstätigkeiten. Mit Recht werden gegen Ende der Hauptschulzeit oder auch in den letzten Jahren des Gymnasiums »Schnupperkurse« abgehalten, um den Jugendlichen Gelegenheit zu bieten, sich zu informieren. Außer den Berufen des Vaters und der Mutter, die sie vielleicht kennen, kennen sie in jedem Fall nur den Beruf des Lehrers und manchmal den des Hausarztes oder auch den des Friseurs und der Friseuse, des Verkäufers und der Verkäuferin, diese aber nur bruchstückhaft.

Dabei hat die Identifikationsfähigkeit mit diesen verschiedenen Berufen auch durch die Verbreitung der Bildmedien zugenommen, und hierbei werden auch verschiedene Berufe vorgestellt, allerdings meist nur sehr attraktive: der Arzt in der »Schwarzwaldklinik« oder auch der Flugkapitän, der heute die Rolle einnimmt, die in meiner Jugend noch vom Lokomotivführer wahrgenommen wurde. Dann gibt es noch Berufe, die man im

Fernsehen sehen kann, die aber gar keine sind, zumindest keine erlernbaren, wie zum Beispiel Berufssportler, eine Rolle, die vor 100 Jahren vielleicht vom Artist im Zirkus ausgefüllt wurde. Auch mit diesem hat man sich als Kind manchmal identifiziert.

Für die in der Pubertät Heranwachsenden beiderlei Geschlechts sind es dann eine Zeitlang die Schauspielerin oder der Schauspieler, die man werden möchte. Dieser Beruf erscheint sehr verlockend, weil er geeignet ist, scheinbar alle Phantasien zu realisieren, die man über seine eigene Tätigkeit im Erwachsenenalter in sich trägt.

Aber das ist alles keine konkrete Erfahrung. Von dieser halten wir, von wenigen Ausnahmen und kurzatmigen Bemühungen abgesehen, Kinder und Jugendliche geflissentlich fern. Sie könnten ja die Produktion verderben, mehr Ausschuß produzieren oder einfach vieles falsch machen. Vielleicht steht aber auch der Gedanke dahinter, daß die Jugendlichen das, was der Erwachsene sich mühsam angeeignet hat und jetzt beherrscht, sehr viel schneller und besser lernen und unter Umständen dabei auch mehr leisten als der Erwachsene. Das aber wäre eine Gefahr und eine Bedrohung, auf die man es lieber nicht ankommen läßt.

In den letzten Jahren hat es allerdings in diesem Bereich eine Änderung gegeben, die vielleicht in ihrer Auswirkung noch gar nicht richtig eingeschätzt wurde. Die elektronischen Medien, insbesondere die Computer, die aktiv einsetzbar sind und mit denen, im Gegensatz zum Fernsehen und den Videos, gearbeitet werden kann, wurden von den Kindern und Jugendlichen sehr viel schneller aufgenommen, erfaßt und verinnerlicht, als das die meisten Erwachsenen, vor allem die älteren, tun konnten. Es gibt unter den Erwachsenen einen kleinen Kreis von Fachleuten, Elektrotechniker, Ingenieure und Computerspezialisten, die diese ganze Technik entwickeln. Unter den Kindern und Jugendlichen wächst aber sofort eine breite Schicht nach, die sich in diesem neuen Bereich mit einer selbstverständlichen Sicherheit und Überlegenheit bewegt, was ihre eigenen Eltern – von den

Großeltern ganz zu schweigen – oft nur staunend zusehen läßt. Es ist vielleicht das erste Mal in der Menschheitsgeschichte, daß die ältere Generation von der jüngeren eine Fertigkeit erlernt und nicht umgekehrt.

Ob diese Änderung der Situation auch eine Verminderung der Angst vor dem Erwachsenwerden bringen wird, ist nicht sicher. Es ist ja nur ein kleiner, wenn auch, wie wir gesehen haben, zunehmender Kreis von heranwachsenden jungen Mädchen und Jungen, die durch diese Angst gehindert sind, ohne Bruch und Schwierigkeiten ins Erwachsenenleben überzuwechseln, und es ist auf der anderen Seite auch nur ein – wenn auch zunehmender – Teil der jungen Generation, der sich in diese neuen Techniken hineinleben möchte und kann.

Ich denke, auch diese neuen Techniken ändern aber wenig daran, daß wir Erwachsenen die Kinder und Jugendlichen nicht oder nur zögernd an unserer Welt teilnehmen lassen. Diesen Ausschluß der Jugendlichen aus der Erwachsenenwelt nannte mein kinder- und jugendpsychiatrischer Kollege Heinz Stephan Herzka in Zürich »Jugendapartheid«.

Sie hat nicht nur bei manchen empfindsamen Jugendlichen die geschilderte Angst zur Folge, die sie zurückfliehen läßt in eine Kindheit, an die sie sich anklammern. Sie hat auch die verhängnisvolle Folge, daß die heranwachsenden Jugendlichen viel länger als früher brauchen, eine allgemeine soziale Anerkennung in der Gesellschaft zu finden. Wer nicht das Geld für seinen eigenen Lebensunterhalt verdient, gilt unter den Erwachsenen nichts. Dies ist auch ein Grund – nicht nur die einfache Not, die dazu zwingt –, welcher viele Gymnasiasten in den letzten Schuljahren und Studenten veranlaßt, einen Job anzunehmen, um sich nebenher Geld zu verdienen.

Dieses lange Warten auf eine gesellschaftliche Anerkennung war nicht immer so. Ich kenne, wie bereits erwähnt, einen heute über 90 Jahre alten Juristen, der mir erzählte, daß er mit 21 Jahren schon fertiger Staatsanwalt gewesen ist. Damit hatte er auch die gesellschaftliche Anerkennung, selbst wenn er vielleicht noch nicht so viel verdient hat, daß er nach damaligen Begriffen heiraten konnte.

Im politischen Leben bestimmen die Parteien. Um ihren Nachwuchs besorgt wurden besondere Parteiunterorganisationen für die unter 30jährigen eingerichtet, die Junge Union, die Jungdemokraten, Jungsozialisten, Jungliberalen usw. Dort können diese ihre Meinung formulieren, haben aber kaum wirklich etwas zu sagen und müssen warten, bis sie das kalendarische Alter erreicht haben, um in der eigentlichen Partei sich hinten anstellen zu können.

Diese Kluft zwischen den Generationen hat es wohl schon immer gegeben, sie ist aber gerade in den letzten Jahren sehr viel größer geworden, so daß sich heute die Gruppen in weiten Bereichen völlig verständnislos gegenüberstehen. »Trau keinem über 30« ist ein Slogan, der dieses Mißtrauen der Jungen gegenüber den Älteren widerspiegelt, aber auch die Ablehnung, die Frustration, die dazu führt, daß sich die Jungen schließlich gar nicht mehr für die Erwachsenen und ihre Tätigkeiten interessieren.

Die Freizeit wollte die junge Generation schon immer für sich allein haben und in ihr unter sich sein. Das war die Gelegenheit, wo Freundschaften fürs Leben entstanden sind, wo auch die Freundin oder der Freund gefunden wurde, mit dem später vielleicht einmal eine Verbindung fürs Leben, eine Ehe geschlossen wurde, sofern diese nicht – wie noch im letzten Jahrhundert und darüber hinaus noch in manchen bürgerlichen Kreisen – im Familienrat beschlossen und bestimmt wurde.

Die Freizeit hat aber eine viel größere Bedeutung gewonnen, es gibt viel mehr davon. Bis zum Ende der 60er Jahre begann das Wochenende erst am Samstagnachmittag und nicht, wie heute, bereits am Freitagnachmittag. Auch war der Urlaub nicht so lang und bot noch nicht so viele Abwechslungsmöglichkeiten und Gelegenheiten, die ganze Welt kennenzulernen. Es gibt daher auch spezielle Reiseangebote für Jugendliche um die ganze Welt, es gibt Jugendfreizeiten, spezielle Möglichkeiten, diese für das Erleben und die spätere Erinnerung so wichtige Zeit getrennt von den Eltern und unabhängig voneinander zu erleben.

So bietet auch die Freizeit kaum eine Gelegenheit, die Generationen einander näherzubringen und ein gemeinsames Erleben anzubieten. Daran haben weder die Jugendlichen noch die Erwachsenen ein wirkliches Interesse.

Die Angst der Erwachsenen vor dem Erwachsenwerden der Kinder

Es gibt aber nicht nur eine Abwehrhaltung unter den Erwachsenen gegenüber der heranwachsenden Jugend, welche diese manchmal davon abhält, erwachsen werden zu wollen, es gibt auch Erwachsene, genauer gesagt Eltern, die Angst davor haben, daß ihre Kinder erwachsen werden.

Dies gilt besonders für Mütter, die einmal ihren Beruf aufgegeben haben, um sich ganz ihren Kindern zu widmen, und die nun, wenn diese größer werden und drohen, aus dem Haus zu gehen, von Panik erfaßt werden. Sie werden dann nicht mehr gebraucht, sie sehen keine Aufgabe mehr und haben Angst vor dem Alleinsein. Dies ist dann sehr berechtigt, wenn der Ehemann und Vater sich inzwischen ganz seinem Beruf – oder auch noch seinem Hobby – zugewandt hat und zwischen den alternden Eheleuten eigentlich keine Gemeinsamkeiten mehr vorhanden sind. Die letzten Gemeinsamkeiten sind die Kinder, solange diese noch zu Hause sind.

Manchmal sind es aber auch die Väter, die ihre Kinder nicht groß werden lassen wollen, vor allem ihre Töchter. Da stehen dann geheime inzestuöse Bindungen zwischen Vater und Tochter dahinter, meist in der Phantasie, manchmal auch konkret, oder auch nur der phantasierte Neid auf den zu erwartenden Schwiegersohn.

Solche Eltern signalisieren ihren Kindern ungewollt, daß sie ihnen das Selbständigwerden nicht zutrauen, was bei den ängstlichen unter ihnen die Angst vor dem Erwachsenwerden fördert und unterhält. Die Angst des Kindes bestätigt aber wiederum die Sorge der Eltern vor dem Erwachsenwerden des Kindes, und so entwickelt sich ein Teufelskreis, aus dem manche Familien nicht mehr herausfinden. In solchen Fällen entstehen oft Magersucht oder Schulphobie.

Sehr häufig geht zwar das Leben mit Berufsausbildung und -laufbahn seinen Gang, und die Kinder gehen irgendwann aus dem Haus. Aber eine zu enge Eltern-Kind-Bindung bleibt dennoch häufig bestehen.

Bei Sorgerechtsverfahren, in welchen ich immer wieder Gutachten zu erstatten habe, erlebe ich sehr oft, daß die Ehe daran gescheitert ist, daß einer der Ehepartner sich nie ganz von seinen Eltern zu lösen vermochte. Kommt es zu Trennung und Scheidung, dann kann man triumphierende Großväter und Großmütter erleben, die »doch recht behalten« haben und nun ihr Kind wieder nach Hause holen und es befriedigt in die Arme schließen.

Eine besonders abstoßende Form gestörter Eltern-Kind-Beziehung, die in den letzten Jahrzehnten zuzunehmen scheint, findet man in Familien, in welchen die Jugendlichen damit anfangen, regelmäßig ihre Eltern zu schlagen. Die Amerikaner sprechen vom battered-parent-syndrom. Ich denke, es finden sich hier Jugendliche, die verzweifelt nach »starken Eltern« suchen, die ihnen Schutz und Halt bieten, aber es stehen auch verzweifelte Versuche mancher Jugendlicher dahinter, endlich doch von ihren Eltern losgelassen zu werden. Eltern, die sich prügeln lassen, nehmen das in Kauf, um die Kinder nicht zu verlieren.

Des weiteren gibt es eine, wenn auch seltene pathologische Form, mit der Eltern versuchen, ihre Kinder an sich zu binden, nämlich das Münchhausen-by-proxy-Syndrom. Dabei erklären die Eltern, meist die Mütter, ihr Kind oder auch ihre Kinder für schwer krank, produzieren Krankheitssymptome bei den Kindern und ziehen mit ihnen von Arzt zu Arzt, wobei es auch zu unnötigen operativen Eingriffen und ähnlichem kommen kann. Die angeblich kranken Kindern bleiben auf ihre Mutter angewiesen und von ihr abhängig. Sie können – und wollen – sich gar nicht gegen das Krank-gemacht-Werden wehren. Auch dieses Symptom scheint in den letzten Jahrzehnten häufiger geworden zu sein. Vielleicht hat man es früher aber auch einfach nicht als ein eigenes psychogenes Syndrom erkannt.

Die Reaktionen der Jugendlichen

Im allgemeinen versuchen die Jugendlichen sich jedoch meist erfolgreich zu lösen, selbst wenn sie von den Eltern festgehalten werden. Das war schon immer so, und das ist gut so. Aber früher lebten und arbeiteten die heranwachsenden Jugendlichen im Verbund mit den Erwachsenen, und so war eine Gemeinsamkeit der Generationen trotz aller Lösungsproblematik erhalten. Heutzutage kommt es dagegen zu einer zunehmenden Entfremdung, wenn für die beiden Generationen fast keine gemeinsamen Erlebnisse und Erfahrungen in Arbeit und Freizeit mehr möglich sind.

Gegen die Ausgrenzung, gegen die Unmöglichkeit, selbst über seine Zukunft und seine Lebensbedingungen entscheiden zu können, gegen die Aussichtslosigkeit, die bestehenden Machtverhältnisse zu ändern, und gegen die fehlende soziale Anerkennung wehrt sich ein großer Teil der Jugendlichen – vor allem diejenigen, die nicht erfolgreich weiterführende Schulen besuchen können, die keine Lehrstelle finden, die nicht wissen, wo sie in ihrer Freizeit hingehen sollen und deren Freizeit unermeßlich wird, weil sie arbeitslos sind. Auch dies ist eine Ausgrenzung aus der Erwachsenenwelt, die ja scheinbar nur aus Arbeit besteht.

Sie wehren sich, indem sie ihren Zorn, ihren Unmut und ihre Verzweiflung in sinnlosen Gewalttaten gegen die etablierten Erwachsenen zum Ausdruck bringen. Sie zerstören Telefonzellen, öffentliche Verkehrsmittel, beschmieren Wände, aber sie werden auch aggressiv gegen Erwachsene, vor allem dann, wenn sie sich in der Gruppe stark fühlen, etwa in der S-Bahn oder abends in Parks und stillen Straßen.

Sie werden auch aggressiv gegen andere Außenseiter, von denen sie allerdings meinen, daß der Staat, also die Erwachsenen, diesen ungerechterweise besonders helfen würde, ebenso wie sich Isaak über die scheinbare Bevorzugung Esaus erregte oder wie sich in Geschwisterrivalität und Eifersucht das ältere Kind gegen das Neugeborene wendet, das ihm scheinbar die Zuwendung und Liebe der Mutter stiehlt. Sie wenden sich gegen Ausländer und Asylanten, wobei sie sich der dargebotenen Redensarten mancher verantwortungsloser Politiker bedienen können, die ihnen bei ihren Gewalthandlungen im Grunde auch noch recht geben, ohne das natürlich zuzugeben.

Diejenigen, die sich mit Gewalt zur Wehr setzen, sind aber noch nicht die Schwächsten. Sie haben wenigstens eine Gruppe gefunden, der sie sich anschließen können, von der sie akzeptiert werden und mit der gemeinsam sie sich geschützt und stark fühlen. So begehen sie Gewalttaten und Zerstörungen, zu denen sie allein nie den Mut hätten.

Es gibt aber noch eine andere Gruppe von Jugendlichen und Heranwachsenden, die diesen Anschluß nicht finden und die auch nicht mehr die Kraft haben, sich aufzulehnen. Sie ziehen sich – ebenso wie die Schul- und Berufsversager – zurück, und dabei helfen ihnen Drogen, Alkohol, Haschisch, Koks oder Heroin. Die Droge verschafft ihnen wenigstens vorübergehend eine Befreiung aus einer von ihnen nicht mehr zu bewältigenden und auch nicht mehr erträglichen Situation. Und auch hier reagieren die Erwachsenen, vor allem die, die das Sagen haben, nur mit Ausgrenzung, Eliminierung und Kriminalisierung.

Die Kriminalisierung des Drogenkonsums ist nichts anderes als die Dokumentation der Gesellschaft – und die Gesellschaft sind die Erwachsenen: »Ihr gehört nicht mehr zu uns! Wer Drogen nimmt, stellt sich außerhalb der Gesellschaft!« Dabei nehmen sie die Drogen, gerade weil sie von der Gesellschaft schon ausgegrenzt waren, wenn auch nicht erst wegen der Drogen, sondern schon vorher wegen mangelnder Leistungsfähigkeit, was immer die Gesellschaft darunter auch verstehen mag.

Dabei sollte man seit der Prohibition, mit der in Amerika in den 20er Jahren der Alkohol verboten war, wissen, daß die Kriminalisierung die Sucht nicht verhindern kann, daß sie aber zusätzlich den Süchtigen, der vergeblich gegen seine Sucht anzukämpfen versucht, noch mit der gesellschaftlichen Ächtung, der Kriminalisierung bedroht. Wer als Süchtiger noch eine regelmäßige Berufstätigkeit und noch irgendwo eine Bindung hat, muß beides auf diese Weise sehr schnell verlieren, und die Rückkehr wird ihm so schwer gemacht, daß es kaum jemand allein gelingen kann. Es sind aber die Erwachsenen, welche die Gesetze machen und, wie mit allen Strafgesetzen, so auch hier eigene Schwächen und drohende Neigungen in den anderen, die diesen schon verfallen sind, zum eigenen Schutz bestrafen.

So jedenfalls vergrößert sich die Kluft zwischen den Generationen, und sie verstehen sich nicht mehr. Das ist auch am politischen Verständnis der Generationen sichtbar geworden:

Nach dem Zweiten Weltkrieg ging das patriarchalische Zeitalter zu Ende, das in Westeuropa, besonders aber in Deutschland auf alten feudalistischen Strukturen aufbauend, Bestand hatte. Der Vater stand in einer Autoritätshierarchie, die sich über ihn hinaus in den regierenden Fürsten, den Kaiser und Gott verlängerte. War das Patriarchat nach dem Ersten Weltkrieg in den 20er Jahren schon ein wenig ins Wanken geraten, feierte es im Dritten Reich noch einmal Triumphe und stand hoch in Blüte. Das Volk hatte seinen Übervater, den Führer, dem es blind vertraute, und wo es nicht vertraute, wurde es dazu genötigt oder gezwungen.

Nach dem Ende des Zweiten Weltkriegs, als sich herausstellte, daß der Übervater kein Vater, sondern ein Verführer, ein Verbrecher war, nahm man ihm am meisten übel, daß er alle, die ihm vertrauten, veranlaßt hatte, ihre moralischen Werte über Bord zu werfen und alles für recht zu halten, was er tat oder anordnete. Man war erschrocken, und man distanzierte sich eilig von ihm, und im übrigen schämte man sich, daß man auf ihn hereingefallen war und mehr oder weniger »mitgemacht« hatte.

Die Generation derer, die im Dritten Reich das Sagen gehabt oder mitgemacht hatte, stürzte sich in den Wiederaufbau nach dem Kriege und versuchte, wiedergutzumachen und gleichzeitig zu vergessen, zu verdrängen. Man sprach nicht über die vergangene Zeit.

Auch die Kinder dieser Generation spürten diese Verlegenheit, sie nahmen Rücksicht und fragten ihre Eltern nicht danach, was sie getan, warum sie es getan und warum sie es nicht unterlassen oder sich dagegen aufgelehnt hatten. Auch die 68er-Generation fragte nicht, sie versuchte nur vollends mit den Resten der alten patriarchalischen Werte aufzuräumen. Sie wandte sich gegen die Obrigkeit und zeigte ein neues Selbstgefühl.

Erst die Enkel der Väter aus dem Dritten Reich waren unbekümmert genug, die Großväter danach zu fragen, was sie getan oder eben nicht getan hatten. Sie taten dies mit der Unbekümmertheit derer, die so weit von dem Geschehen entfernt sind, daß es für sie abstrakte Geschichte ist. Man kann über den Holocaust reden wie über den Burenkrieg, über die Hexenverfolgung und über Kaiser Nero. Es besteht gar keine Veranlassung mehr, sich mit den »Tätern« zu identifizieren, ja, man will es auch nicht. Dieses unbekümmerte Fragen ist zwar verständlich, es dient aber auch der Selbstgerechtigkeit, denn man kann und braucht zu keiner Zeit unter Beweis zu stellen, wie man sich selbst unter den seinerzeit gegebenen Bedingungen wohl verhalten hätte.

Kein Kind und kein Jugendlicher phantasiert sich in eine Rolle des Versagenden, des Schwachen, desjenigen, der einer starken Macht nachgibt, sondern er identifiziert sich immer nur mit dem Helden, der sich behauptet, und so versucht sich die jüngste Generation, die sogenannten 89er, in infantiler Selbstsicherheit als der Held zu sehen, der, wenn es darauf ankäme, allen Versuchungen und Schwächen widerstehen würde.

Dasselbe wiederholt sich jetzt in den neuen Bundesländern, wenn es darum geht, wer mitgemacht oder gar der Stasi gedient hat, nur daß es jetzt weniger die Kinder und Enkel sind, die fragen, als vielmehr die ungefährdeten »Zuschauer« aus dem Westen.

Auch hier wird die Kluft zwischen den Generationen deutlich, und sie nimmt von Generation zu Generation offensichtlich zu.

Kein Wunder also, daß ein Teil der heranwachsenden Jugendlichen Angst hat davor, in die fremde Welt der Erwachsenen einzutreten und lieber Kind bleiben möchte.

Die kindlichen Bedürfnisse der Erwachsenen

Wenn ich aber an das Kriterium denke, daß wirklich Erwachsengewordene keine »reinen Helden« mehr benötigen, sondern das Menschliche und die Schwächen bei jedem anderen Menschen zu akzeptieren bereit sind, dann fällt auf, daß gerade die beschriebene Enkelgeneration, die sogenannten 89er, offensichtlich doch noch auf der Suche nach »reinen Helden« sind. Mit verständnisloser, ja empörter Kritik verzeihen sie ihrer Großelterngeneration nicht, daß sie sich seinerzeit nicht von vornherein entschieden und mit Erfolg gegen den Ungeist des Dritten Reiches zur Wehr gesetzt hat. Ja, darüber hinaus verbirgt sich in *jeder* Verherrlichung von »Recht und Ordnung«, in *jeder* Suche nach untadeligen Leitfiguren im Grunde nichts anderes als die Suche nach Sicherheit und Geborgenheit wie im Kindesalter.

Dabei wird nicht erkannt, daß »Recht« und »Ordnung« sich

gegenseitig im Grunde ausschließen. Eine strenge Ordnung ist nur zu erreichen und aufrechtzuerhalten, wenn im Einzelfall auf die Rechte des einzelnen nicht mehr Rücksicht genommen wird. Es wird von ihm verlangt, daß er um der Ordnung willen eine Ungerechtigkeit in Kauf nimmt und auf sein eigenes individuelles Recht verzichtet. Letzteres kann aber nur gewahrt werden, wenn ein gewisses Maß an Unordnung als unvermeidlich akzeptiert wird. Um das Recht des einzelnen zu wahren, muß hingenommen werden, daß auch tatsächlich Schuldige unbestraft davonkommen. Soll dies aber nicht geduldet werden, dann müssen sich auch Unschuldige eventuell ungerechtfertigter Verfolgung aussetzen. Entweder – oder.

Im übrigen führt Ordnung, wie ich meinen Kollegen und Freund Aron R. Bodenheimer schon zitiert habe, auf die Dauer unvermeidlich zu Erstarrung, wenn sie nicht regelmäßig von neuer Unordnung abgelöst wird. Diese auszuhalten und daraus eine neue – auch nur vorübergehende – Ordnung zu schaffen, ist eine typische Aufgabe für erwachsen gewordene junge Menschen.

Das gilt auch für die politische Ordnung: Man kann wohl sagen, daß die insgesamt politisch rechts gerichtete Tendenz mit der Verherrlichung von Nation und staatlicher Einheit im Grunde einem infantilen Streben entspricht, um sich in einer Gemeinschaft sicher und geborgen zu fühlen und nicht dem kalten Wind von Freiheit und Ungebundenheit ausgesetzt zu sein.

Wenn zum Beispiel im Herbst 1994 am gleichen Wahltag die Brandenburger mit absoluter Mehrheit den Sozialdemokraten Manfred Stolpe gewählt haben und die Sachsen ebenfalls mit absoluter Mehrheit den Christdemokraten Kurt Biedenkopf, dann deutet dies darauf hin, daß hier wie dort eine Vaterfigur gesucht und gefunden wurde.

Im Prinzip gilt das gleiche für die Bundestagswahl am 16. Oktober 1994. Die Wahlplakate waren bestimmt von den Köpfen der »Überväter« oder solchen, die es sein wollten, ohne daß irgendwo eine Sachaussage zu lesen gewesen wäre. Es waren gewissermaßen »nichtssagende Köpfe«, die nichts anderes zum Ausdruck brachten als: »Ich sorge für dich.«

Diese Tendenz, sich einem starken politischen Führer unterzuordnen – den man übrigens erst durch die Bereitschaft zur Unterordnung zum starken Führer macht –, hat sich seither bei uns in den großen Parteien fortgesetzt. In der einen herrscht fast nur noch Unterordnung, und der anderen macht man zum Vorwurf, daß sie keine mächtige Vaterfigur anbietet.

Wenn man etwas weitergeht, könnte man sogar sagen, daß sich diese Haltung nicht wesentlich von der Einstellung vom größten Teil der Bevölkerung in Deutschland während des Dritten Reiches unterscheidet, die auch »dem Führer vertraute«, der sich in diesen Jahren systematisch zur allgemeinen Vaterfigur emporstilisieren konnte, weil er damit einem Bedürfnis vieler Menschen, eben auch und gerade erwachsener Menschen, entgegenkam.

Es gab und gibt viele Menschen, welche trotz aller Schrecken des Zweiten Weltkriegs auch nachher noch sehnsüchtig an die Zeit der Deutschen Wehrmacht zurückdachten und -denken. Es war die Zeit, in der sie sich – trotz aller damit manchmal verbundenen Gefahren – geborgen fühlen konnten in der Hierarchie und Ordnung einer totalitären Institution. Es wurde ihnen jeden Tag gesagt, was sie zu tun und zu unterlassen hatten, es war für sie mit dem Nötigsten gesorgt, mit Essen, Kleidung und Unterkunft – wenigstens die meiste Zeit –, und es wurde keine wirklich eigene Entscheidung von ihnen erwartet. Das Leben in einer solchen Institution vermittelt vielen ein Gefühl der Sicherheit, das sie daran hindert, sich aus ihr frei zu machen.

Auch das Gefängnis ist eine solche Institution, und ich kenne unter jugendlichen Häftlingen einer Jugendstrafanstalt einige, welche nach längerer Haft Angst davor haben, entlassen zu werden. Ein Jugendlicher, der eine klassische kriminelle Karriere entwickelt hatte (er hatte in seiner Jugend nie die Möglichkeit, eine stabile psychische Bindung aufzubauen, und wurde später wegen Diebstählen und Raub zu einer mehrjährigen Jugendstrafe verurteilt), sollte sich nach seiner Entlassung in der entfernten Großstadt in einem Heim melden. Statt dessen stahl er noch am Ort der Justizvollzugsanstalt ein Auto, fuhr in die Großstadt und kaufte sich auf dem Schwarzmarkt im Hauptbahnhof eine Pistole, die er ins Handschuhfach legte. Er fuhr dann mit seinem Auto so auffällig, daß er schließlich von einer Polizeistreife gestellt wurde. Er gab sofort an, das Auto gestohlen zu haben, wies auf die Pistole im Handschuhfach hin, sagte, er habe sich diese besorgt, um im Falle einer Festnahme auf die Polizei zu schießen. Dies führte dazu, daß er sofort wieder dahin kam, wo er sich sicher und geborgen fühlte: in die Strafanstalt.

Ein anderer Jugendlicher mit ähnlicher Vorgeschichte bedrohte am Tage seiner Entlassung einen Taxifahrer und nahm ihm das Geld ab. Auch er wurde alsbald verhaftet und kam wieder in die Justizvollzugsanstalt, aus der er gar nicht entlassen werden wollte. Beide Jugendliche verhielten sich in der Strafanstalt selbst musterhaft und gaben zu keinerlei Beanstandungen Anlaß.

Vor einiger Zeit las ich in der Presse eine Notiz, wonach sich die gerichtlichen Streitfälle mit Klagen gegen den Nachbarn in den letzten Jahren verdreifacht hätten. Auch hier verbirgt sich insgeheim ein Ruf nach dem Vater, der den Streit der Kinder – natürlich zu eigenen Gunsten – klären soll. Die betreffenden Kläger trauen sich offenbar nicht zu, ihren Streit in sachlicher Auseinandersetzung zu klären – mit der Bereitschaft, gegebenenfalls auch einmal nachzugeben.

Die Suche nach Geborgenheit ist es schließlich wohl auch, die manche junge Menschen zu jeder Zeit und auch heute noch dazu veranlaßt, ins Kloster zu gehen, selbst wenn hier noch andere, nicht unbedingt vorwiegend infantile Wünsche und Gründe mitwirken.

Die infantile Alternative »Gut oder Böse«

Kinder im Alter bis etwa acht oder zehn Jahren benötigen, wie ich schon gesagt habe, das gute Vorbild, dem möglichst kein Fehler anhaften darf. Es ist für Kinder dieses Alters noch nicht zu akzeptieren, daß in jedem Menschen Gutes und Böses gleichzeitig vorhanden ist und untrennbar zu ihm gehört.

Dies wird mir immer wieder bewußt, wenn es in familienrechtlichen Gutachten darum geht, festzustellen, ob ein Kind in diesem Alter eher beim Vater oder bei der Mutter bleiben möchte. In vielen Fällen wirft diese Frage keine besonderen Probleme auf, wenn die Eltern in der Lage sind, auch nach der Trennung freundlich und in gegenseitiger Achtung vor dem Kind zu reden und diese Haltung auch nach außen zum Ausdruck zu bringen. Es gibt aber sich trennende Ehepaare, die dazu nicht mehr in der Lage sind und die Kinder an ihrer Konfrontation, ob sie wollen oder nicht, teilnehmen lassen. Dem Kinde im Vorschul- und Grundschulalter bleibt jedoch gar nichts anderes übrig, als sich mit dem Elternteil, mit dem es überwiegend zusammen ist, zu identifizieren. Wenn dieser Elternteil den anderen abwertet und ihn als bösen Menschen darstellt, muß das Kind früher oder später ebenfalls diese Einstellung übernehmen. Das Kind spürt zwar sehr wohl, daß es diesen anderen Elternteil früher durchaus gerngehabt und in ihm einen guten Menschen gesehen hat, es kann seine frühere Einstellung aber nicht mehr aufrechterhalten. Die Kinder behaupten plötzlich, den anderen Elternteil noch nie gemocht zu haben. Dies alles geschieht, weil es dem Kind noch nicht möglich ist, neben der Meinung des sorgeberechtigten Elternteils, mit dem es zusammenlebt, eine eigene Meinung zu vertreten, und weil es auch nicht in der Lage ist, zu akzeptieren, daß in *jedem* Menschen, auch in ihm selbst und in den Eltern, nicht nur positive, sondern auch negative Anteile vorhanden sind. Es muß unterscheiden zwischen Gut und Böse, zwischen Schwarz und Weiß, und die Farbe Grau kann es noch nicht geben.

Diese Tendenz, bei einem Menschen nur in Gut und Böse einzuteilen, ist keineswegs auf Kinder beschränkt. Wir finden sie auch unter Erwachsenen. Generationen lang wurden Feindbilder gepflegt, indem man den Feind für böse erklärte. Bis zum Zweiten Weltkrieg war Frankreich der Erbfeind und England das perfide Albion, und das galt für alle Franzosen und Engländer.

Der Kalte Krieg nach dem Zweiten Weltkrieg lebte davon, daß die Ostmächte böse und die Westmächte gut waren, und auch gegenwärtig verfährt man wieder nach dem gleichen Schema: Die Serben sind böse, die Bosnier sind gut. Dabei spielen natürlich auch die Medien eine entscheidende Rolle, aber diese bieten diese Schwarz-Weiß-Zeichnung vor allem deswegen in ihren Fernsehberichten und in ihren Gazetten an, weil diese dann bereitwillig gekauft werden und hohe Auflagen sicher sind.

Zum klassischen Western ebenso wie zum klassischen Kriminalroman gehört es, daß das Böse und das Gute klar gekennzeichnet und abgegrenzt sind, daß am Ende das Gute belohnt und das Böse bestraft und daß Zwischentöne nach Möglichkeit vermieden werden. Erst eine moderne Psychokultur »wagt es«, das Böse *und* das Gute im gleichen Menschen zu sehen und diese Spannung darzustellen. Eine solche Kultur schließt im Grunde an das antike Trauerspiel an, bei dem Schuld und Unschuld in der gleichen Person das Motiv für die Tragödie darstellen.

Ein Vergleich unserer Medien mit dem antiken Drama macht deutlich, daß die Menschheit sich seither offensichtlich nicht weiterentwickelt hat, zumindest nicht in Richtung auf eine erwachsene Selbstsicherheit und Freiheit.

Die politische Unreife

Die weitverbreitete Sehnsucht nach Sicherheit und Geborgenheit, verbunden mit einer weitgehenden Entlastung von Verantwortung, war und ist noch stets der Grund, warum viele Menschen sich auch unter autoritären Regimen und Diktaturen relativ wohl fühlen. Solange die Bürger sich nicht um Politik kümmern, solange nicht ihre eigenen Bedürfnisse mit den Vorgaben durch den Staat oder die Diktatur in Konflikt kommen, solange bietet gerade ein autoritäres Regime oft ein größeres Maß an persönlicher Sicherheit als die Freiheit einer Demokratie.

Gewiß litten die Bürger der ehemaligen DDR darunter, daß sie nicht wie die Menschen im Westen überallhin reisen und die schönsten Städte und Länder der Welt besichtigen konnten, die ihnen das Fernsehen auch in ihre Wohnzimmer gebracht hatte, wohl hätten sie auch gerne eines der Autos besessen, die dasselbe Fernsehen ihnen aus dem Westen zeigte, auch wären sie froh gewesen, nicht so lange auf eine bessere Wohnung warten zu müssen. Aber dennoch waren die Sicherheit des Arbeitsplatzes, die Gewißheit, eine Erwerbstätigkeit zu finden – selbst wenn es nicht immer die war, die man gerne gehabt hätte –, der selbstverständliche Anspruch auf einen Kindergartenplatz viel wert, und nicht zuletzt war es für manche Menschen auch recht angenehm, nichts selbst entscheiden zu müssen.

So war für manche die scheinbar schrankenlose Freiheit nach der Wende eher Anlaß zur Verunsicherung und Angst, und die Enttäuschung war unvermeidlich, wenn die früher unterdrückten Wünsche nun immer noch nicht oder zumindest nicht so schnell realisiert werden konnten, sondern nur die Unsicherheit und die Angst um den Arbeitsplatz übriggeblieben sind.

Soziale Sicherung schuf auch schon in früheren Jahrhunderten für die Bauern in der Landwirtschaft auf den Rittergütern einen Ausgleich für Leibeigenschaft und Frondienste. Schilderungen von Christian von Krockow[14] über die Verhältnisse und Lebensbedingungen in früheren Jahrhunderten in Ostpreußen zeigen, daß dort zwar ein karges und anstrengendes Leben herrschte, daß aber für die Bauern und ihre Familien, die für den Gutsbesitzer tätig waren, im allgemeinen eine hinreichende soziale Sicherung gewährleistet war. Sie hatten eine Wohnung und genügend, wenn auch nicht üppig zu essen, bekamen Bekleidung und Heizmaterial für den Winter und waren auch im Krankheitsfalle und im Alter ausreichend versorgt. Auch wenn dies alles eher einfach und keineswegs reichhaltig war, so waren die Verhältnisse doch sicher, und die Abhängigkeit vom Schloßherrn und Rittergutsbesitzer bot auch Geborgenheit. Diese war für viele wichtiger als die Freiheit und Ungebundenheit, und es waren immer nur wenige, die sich dagegen auflehnten und unter Verzicht auf diese Sicherheit hinauswagten. Dabei wurde normalerweise nur von denen berichtet, die diesen mutigen Schritt mit einem erfolgreichen weiteren Lebensweg krönen konnten. Über die, die daran scheiterten, zugrunde gingen oder enttäuscht zurückkehrten, wurden meist keine Bücher geschrieben.

Natürlich war die soziale Sicherung und Geborgenheit nicht in allen Fällen sichergestellt, und es gab zweifellos auch Gutsherren, welche ihre Hintersassen ausnutzten und überforderten. Aber die Regel war das offenbar nicht. Andererseits ist es aber auch eine Regel, daß jede Macht auf die Dauer dazu verführt, sie zu mißbrauchen.

Die bemerkenswerte Tendenz zum ideologischen Fundamentalismus in Religion und Politik kann auch als eine Gegenreaktion auf eine vorangegangene aufklärerische Tendenz angesehen werden. Aus der Unsicherheit vernünftiger Selbständigkeit und Selbstverantwortlichkeit, die auch immer eine gewisse Isolierung des einzelnen mit sich bringt, flüchten sich die Menschen wieder vermehrt zu den Religionslehrern und Verkündern von Ideologien, die ihnen sagen, was richtig und falsch, was gut und böse ist und was jeder zu tun hat. Sie finden sich so bald wieder in der Gemeinschaft derer, die dankbar ihrem Führer folgen und die vor allem wieder einen eindeutigen Feind gefunden haben, von dem sie sich im wohltuenden Gefühl, zur richtigen Seite zu gehören, distanzieren können. Das gibt die Ruhe und Sicherheit des in Geborgenheit lebenden Kindes.

Aber jede konsequent vertretene Ideologie ist im Grunde ein

Zeichen von Unreife, weil sie nicht berücksichtigt, daß ein ungebrochen durchgehendes Prinzip zwar vieles vereinfachen würde, aber der Vielfalt des menschlichen Wesens nicht entspricht. Erwachsensein bedeutet anerkennen und respektieren der Andersartigkeit und der anderen Meinung – und das beruht natürlich auf Gegenseitigkeit.

Versuche, erwachsen zu werden

Die Aufklärung und ihre Folgen

Es war die Aufklärung mit dem politischen Signal, das die Französische Revolution gesetzt hat, welche die Menschen darauf hinwies und ihnen deutlich machte, daß sie selbständige Individuen sein und ihren eigenen Willen und Bestrebungen nachfolgen könnten, wenn sie nur wollten und sich gegen jede Form von Fremdherrschaft, Unterdrückung und Abhängigkeit wehrten. Es war die Aufklärung, welche den Menschen zeigte, daß erst der Verzicht auf eine kindliche Abhängigkeit und ein gewisser Verzicht auf die Sicherheit und Geborgenheit, die ein patriarchalisches System vermitteln kann, sie befähigt, selbständig und selbstverantwortlich, das heißt letztlich erwachsen zu werden. Diese Fähigkeit, erwachsen zu werden, war bis dahin nur einem kleinen Kreis der Bevölkerung vorbehalten gewesen. Der Adel war in die Regeln seines Standes eingebunden, welche von sich aus wirkliche Selbständigkeit, Selbstverantwortlichkeit und Unabhängigkeit verhinderten.

Meist diente auch der Adel in traditioneller Gebundenheit und Abhängigkeit seinen Lehensherren und blieb insoweit ebenfalls abhängig. Immer nur dort, wo gegen den Gehorsam und die Bindung an den Fürsten, König oder Kaiser aufbegehrt wurde, traten die Revolutionäre aus den Reihen ihrer ebenfalls abhängigen und gehorsam untertänigen Altersgenossen hervor, wie zum Beispiel der Prinz von Homburg bei Heinrich von Kleist, oder General Yorck, der bei Tauroggen gegen den Befehl Frieden schloß. Aber das galt nachträglich immer nur dann, wenn dieser Schritt aus der Gebundenheit des Gehorsams auch für den »Herren« letztlich von Erfolg gekrönt war. Wirklich erwachsen, also selbständig und selbstverantwortlich, konnte eigentlich nur die intellektuelle Schicht sein, wie uns dies auch in den Werken von Schiller, Goethe, Lessing und anderen deutlich wird.

Die Aufklärung sollte allen Menschen die Möglichkeit geben, sich wie die Gruppe der Intellektuellen zu emanzipieren, selbständig zu werden und über sich und ihr Leben eine eigene, allein an der Vernunft orientierte Entscheidung zu treffen.

Sie hat auf diesem Wege viel bewirkt. Beispielsweise hat sie im Gebiet der Psychiatrie dabei geholfen, die psychisch Kranken nicht mehr als »toll« oder von Geistern besessen auszugrenzen, sie wie Verbrecher zu behandeln, sondern anzuerkennen, daß sie unter einer Krankheit leiden. Auch wenn diese Gleichstellung psychischer Störungen und Befindlichkeitsveränderungen mit körperlichen Krankheiten sich auf lange Sicht vielleicht als Irrtum herausstellen sollte, so hat diese Erkenntnis doch zunächst einmal die psychisch Kranken von ihren Fesseln befreit, und das war nicht nur bildlich gemeint, sondern ist tatsächlich geschehen.

Auch auf anderen Gebieten, im Schul- und Bildungswesen, aber ebenso in politischer Hinsicht hat die Aufklärung Entscheidendes verändert, und im Grunde wollte sie die Menschen in die Lage versetzen, wirklich erwachsen und selbständig zu werden.

Politische Revolutionen von unten kann man wohl als jeweilige Versuche der Bevölkerung werten, erwachsen zu werden. Die klassische Revolution war die Französische als unmittelbare Folge der Zeit der Aufklärung. Sie war ein gewaltsamer Versuch, sich von Patriarchat, Abhängigkeit, Unselbständigkeit und Unterdrückung frei zu machen. Kurze Zeit danach kam allerdings Kaiser Napoleon als neuer Übervater – und damit die Rückkehr zur Abhängigkeit. Bemerkenswert ist, daß meist nur die Versuche zur Befreiung den Charakter der Gewalt zeigen, wogegen die regelmäßige Rückkehr zur patriarchalischen Ordnung freiwillig, ja »mit Begeisterung« erfolgt.

Deutsche Revolutionen aus eigenem Bedürfnis gab es wenige, beispielsweise 1848. Die von 1918 war im wesentlichen bestimmt vom aussichtslos verlorenen Krieg. Die Machtergreifung von 1933 war keine Revolution, sondern eine Restitution. Die absolute Herrschaft des »Vaters« und die Abhängigkeit und Unmündigkeit aller übrigen wurde wiederhergestellt. Und nach dem Zweiten Weltkrieg waren es die siegreichen Alliierten, die – zumindest zunächst – die »Vaterrolle« übernahmen. Dies waren alles keine Revolutionen.

Eine solche war dagegen, wenn auch mild und bescheiden, die 68er-Revolution der Studenten, wie auch in Frankreich die Abwahl de Gaulles. Das waren echte Schritte zum Erwachsensein, jedesmal bedroht von eigenen Ängsten und verbunden mit der Tendenz, in kindliche Verhaltensweisen zurückzufallen.

Auch die Revolution in der DDR im Herbst 1989 mit den Demonstrationen in Leipzig war zunächst ein emanzipatorischer Akt gegen ein patriarchalisch strukturiertes und überaltertes autoritäres Regime. Mit der Wahl am 18. März 1990 mündete diese versuchte Emanzipation in die Unterordnung unter ein zwar demokratisches, aber bürokratisch verkrustetes System. Am Ende ist schließlich nur eine ungehemmte und unsoziale Marktwirtschaft von der Emanzipation übriggeblieben.

Solche Änderungen vollziehen sich oft ganz unauffällig auch auf anderen Gebieten. So wurde nach dem Ende des Zweiten Weltkrieges der Disney-Film »Bambi« zu einem Welterfolg. Dieser Film zeigte im Prinzip einen Entwicklungsroman, die Geschichte des Erwachsenwerdens eines Kindes. Gegenwärtig ist wieder ein Disney-Film ein Renner: »Der König der Löwen«, die Verherrlichung eines Herrschers. Letzteres stimmt bedenklich.

So werden alle diese kleinen Schritte in Richtung auf eine gewisse Selbständigkeit oft bald wieder zurückgenommen.

Die Bedeutung der Emotion

Daß die Aufklärung ihr Ziel letztlich nur zum Teil und nicht für alle, ja nicht einmal für die meisten Menschen erreichen konnte, lag wohl unter anderem daran, daß ihre geistigen Vertreter die Bedeutung der Emotion, des Affektes nicht gesehen oder zumindest unterschätzt haben. Man war der Meinung, daß der menschliche Verstand allein mit den Schwierigkeiten, die sich ihm im Leben entgegenstellen, fertig werden und alle seine Entscheidungen aufgrund der Vernunft und nüchterner Abwägung treffen müßte. Die strikte Trennung von Vernunft und Gemüt, von kognitiver Erkenntnis und Emotion, hat noch lange über die Aufklärung von Kant, Hegel und ihren Zeitgenossen hinaus nachgewirkt.

Mit ihrem Appell an die Vernunft jedes Menschen strebte die Aufklärung dessen Selbständigkeit und Emanzipation gegenüber jeder Form von Abhängigkeit an. Dieser rationalen Überlegung stand dann die emotionale Reaktion der Französischen Revolution gegenüber. Die Ideale von »Freiheit, Gleichheit, Brüderlichkeit« konnten sich unter dem Druck explodierender Emotionen nicht in »vernünftigen Bahnen« durchsetzen. Die Unvereinbarkeit von Aufklärung und Französischer Revolution, von Vernunft und Emotion blieb bestehen.

So gesehen hat die Vorstellung von der Allmacht der Vernunft noch weitergewirkt, als etwa 100 Jahre später die Psychoanalyse durch Sigmund Freud entwickelt wurde. Auch hier bestand zunächst die Vorstellung, man müßte dem neurotisch Kranken nur die Ursache klarmachen, warum er sich neurotisch und nicht »normal« verhalte, und schon müßte er dank seiner Vernunft in der Lage sein, sein Verhalten und seine Erlebnisweise zu ändern, vor allem dann, wenn es dem Analytiker gelungen ist, den Kranken in freier Assoziation dahin zu führen, daß er selbst die Ursache seines Fehlverhaltens erkennen könnte.

Tatsächlich hat aber auch die Psychoanalyse bald erkannt, daß es nicht allein um das verstandesmäßige Wissen um die Ursache der neurotischen Störung geht, sondern um ein anderes Phänomen, das als »Übertragung« und »Gegenübertragung« bezeichnet wurde, nämlich um die emotionale Beziehung und Projektion, die der Patient auf den Therapeuten und in der Gegenübertragung der Therapeut auf den Patienten geworfen hat. Hierbei handelt es sich um einen emotionalen Vorgang, und der, das ist inzwischen erwiesen, ist der viel entscheidendere als die rein rationale Erkenntnis. Es geht darum, daß der Patient emotional erlebt, daß sich ihm jemand zuwendet und er in dieser Beziehung viele Defizite aus seiner Kindheit in der Beziehung zu Mutter oder Vater nachholen und nacherleben kann.

Auch die allgemein anerkannte psychologische und psychiatrische Wissenschaft hat lange geglaubt, die intellektuellen, kognitiven Fähigkeiten des Menschen und seine emotionalen Eigenschaften und Bedürfnisse getrennt voneinander untersuchen zu können. Im letzten Jahrhundert standen hier Sigmund Freud und der Schweizer Psychologe Jean Piaget als repräsentative Vertreter einander gegenüber. Erst der Schweizer Psychiater Luc Ciompi zeigte in seinem Buch *Affektlogik*[15], daß es keine Erkenntnis, keine Erfahrung, keinen Wissenszuwachs im Leben eines Menschen geben kann, ohne daß diese von einem bestimmten affektiven Grundton begleitet wären, der entscheidend sein kann für die Anwendung oder Nicht-Anwendung, für die Bewertung und Einordnung der gewonnenen rationalen Erkenntnisse. Er zeigte, daß es den »Nicht-Affekt« gar nicht geben kann.

Dies ist auch bei der Beurteilung der Fähigkeit zum Erwachsenwerden zu bedenken. Gerade das Selbstbewußtsein als ein wesentlicher Teil des Erwachsenwerdens bedarf der emotionalen Erfahrung, und zwar schon im Kindesalter, um das heranwachsende Kind und den Jugendlichen überhaupt erst zu befähigen, im Erwachsenenalter selbstverantwortlich, hinreichend selbstsicher und selbständig für sich entscheiden und leben zu können. Hiergegen hat traditionell eine autoritäre, das Selbstbewußtsein der Kinder und Jugendlichen systematisch beschädigende Pädagogik verstoßen und tut es weithin noch heute. Psychische Reife, das Erwachsenwerden schlechthin, ist aber ohne eine fundierte stabile, positiv erlebte emotionale Basis gar nicht möglich. Und so sehen wir tatsächlich, daß viele Menschen, die dem Lebensalter nach alle erwachsen sein sollten, tatsächlich unreif sind, zumindest bei uns in den sogenannten westlichen Ländern.

Die Emanzipation des Menschen, seine Unabhängigkeit, Selbständigkeit und Selbstsicherheit zu gewinnen, kann demnach offenbar nur schwer gelingen. Sie ist zudem zumindest für den einzelnen meist keineswegs nur eine Befreiung, sondern auch eine Belastung, eine Belastung, die jeder kennt, der plötzlich in eine verantwortliche Position gerät, in der er selbst für andere zu entscheiden hat und sich nicht mehr auf eine Rückendeckung eines ihm selbst Vorgesetzten stützen kann. Es ist dies die Einsamkeit des Verantwortlichen.

Die Religion

In dieser kalten, isolierten Situation kann die Rückendeckung in der Transzendenz eine große Hilfe sein, die im Laufe der Menschheitsgeschichte oft und entscheidend wirksam war. Die Geborgenheit, die man als Kind bei den Eltern gefunden hat und der man später entwachsen zu sein glaubt, die man im Fachlichen beim Lehrmeister und wohlwollenden Vorgesetzten wiedergefunden hat, die aber für den einsamen Verantwortlichen nicht mehr vorhanden ist, diese Geborgenheit kann einem die Religion, die Geborgenheit bei Gott bieten. Sie kann bewirken, daß ich den letzten Schritt zum Erwachsenwerden, zur isolierten einsamen Selbständigkeit nicht tun muß, sondern mich weiterhin als »Kind Gottes« in dessen Schutz und Geborgenheit wissen kann. – So gesehen wären die Existentialisten, wenn es solche wirklich gibt, diejenigen, die wirklich erwachsen geworden sind und diese Einsamkeit auch aushalten.

Immerhin geht die Abhängigkeit von Gott beziehungsweise die Geborgenheit in der Transzendenz nicht auf Kosten einer individuellen Freiheit und Selbständigkeit. Sie führt nicht zu einer Abhängigkeit von anderen Menschen. Sie läßt keine hierarchische Abstufung innerhalb der Menschen zu, sondern steht für das gleiche Recht aller Menschen unter dem Schutz und der Verantwortung Gottes. Sie geht daher nicht zu Lasten einzelner Menschen, und insofern könnte diese Unselbständigkeit, diese anhaltende Kindheit gegenüber Gott bestehenbleiben, ohne daß schon von einer Unfähigkeit zum Erwachsenwerden gesprochen werden müßte. Auf den letzten Schritt absoluter Selbständigkeit könnte somit verzichtet werden.

Dennoch: Der wirklich »erwachsene« Mensch bedürfte auch dieser Geborgenheit nicht. Aber vielleicht ist dies zu viel verlangt und führt zu einer abstrakten Form des Menschseins, die von kaum jemand ertragen werden kann. Jedenfalls ist diese Suche nach einer Geborgenheit überall auf der Erde der eigentliche Sinn all der unterschiedlichen Religionen. Es gibt kein Volk, das darauf verzichten könnte. Allerdings können organisierte Religionsgemeinschaften, die Kirchen, solche Abhängigkeiten von Menschen wiederherstellen und sich zwischen das Individuum und Gott stellen.

Am Rande der Religionen sprießen immer wieder kleinere religiöse Gruppierungen, Sekten, die oft eine besonders rigorose Haltung einnehmen und strenge Forderungen an ihre Mitglieder stellen, beispielsweise den Verzicht auf Eigentum, völlige Unterordnung und bedingungslosen Gehorsam gegenüber dem Sektenoberhaupt. Diese Forderungen können in einzelnen Fällen, wie geschehen, zu Gruppenselbstmord führen oder, wie in jüngster Zeit in Japan, zu verheerenden, ja kaum verstehbaren Terrorakten.

Eine solche Gruppenreaktion bedarf zweier sich gegenseitig ergänzender Voraussetzungen: auf der einen Seite eine machthungrige Persönlichkeit als Sektenführer (aus psychiatrischer

Sicht sind dies stets wahnkranke Menschen), auf der anderen Seite finden sich aber Sektenmitglieder, die sich bereitwillig einem solchen Guru und Übervater unterordnen. Auch diese Unterordnung und totale Selbstaufgabe entspricht einem infantilen Geborgenheitswunsch, der Befreiung von jeder Verantwortung gegenüber sich selbst und anderen. Die Zugehörigkeit zu solchen – und auch weniger aggressiven – Sekten ist ein regressives Verhalten.

Gefahren der Unfähigkeit, erwachsen zu werden

Die Gefahr für die Demokratie

Die offenbar weitverbreitete Neigung des Menschen, sich in Abhängigkeit von anderen Menschen zu begeben oder auch in ihr zu verharren, birgt nicht unerhebliche Gefahren in sich, insbesondere droht eine große Gefahr für jede demokratische Staatsordnung.

Wenn, wie bereits erwähnt, bei einer Bundestagswahl wie im Herbst 1994 auf den Wahlplakaten nur noch Personen gezeigt und nicht mehr politische Ziele und Inhalte zur Diskussion gestellt werden, wenn schließlich der Wahlsieger sich nur noch als ein für alles zuständiger und verantwortlicher Vater präsentiert, dann macht das eine Tendenz des Wählervolks deutlich, auf eigene Mitbestimmung zu verzichten und sich dem »Vater« einfach unterzuordnen. Das ist bequem, das enthebt jeden der Verantwortung, und man kann sich – scheinbar – wieder geborgen fühlen wie als Kind.

Dahinter mag nicht selten auch eine Resignation stehen, das Gefühl, daß die Bemühung um Mitbestimmung, Mitverantwortung ohne Erfolg bleiben wird, weil »die da oben«, wenn sie gewählt sind, ohnehin machen, was sie wollen. Gleichwohl ist es ein Zeichen von Infantilität und mangelnder Selbstverantwortung, wenn diese Tendenz zunehmend Platz greift.

Das gilt nicht nur für die große Politik, sondern im Grunde in jeder Gemeinschaft, im Betrieb, in der Schule, auch in der Familie. Dabei gibt es fast überall Menschen, die sich beharrlich gegen jede Tendenz der anderen zu eigener Selbständigkeit und Verantwortlichkeit sträuben. Das sind diejenigen, die in ihrem Bereich die Macht haben, um diese fürchten und diese mit niemand teilen möchten.

154

So wirkt das Machtstreben auf der einen und der Verzicht auf Selbständigkeit auf der anderen Seite verhängnisvoll zusammen.

Es gibt genommene Macht und zugewiesene Macht. Dabei ist die zweite Form die gefährlichere, wenn sie nicht gleichzeitig mit einer wirksamen Kontrolle verbunden ist, weil sie unter Verzicht auf eigene Mitverantwortung demjenigen, dem sie zugewiesen wird, Vollmacht und Handlungsfreiheit einräumt. Man muß dem Machthaber immer auch den Machtgeber gegenüberstellen.

Auch ein wieder zunehmend zu beobachtender Hang zum Nationalismus, und sei es nur ein neues Beachten der Nation als eines Wertes an sich, zeugt im Grunde von kindlichen Bedürfnissen. Die Zugehörigkeit zu einer bestimmten Nation verleiht ein gewisses Selbstgefühl, teils dadurch, daß man sich von anderen Nationen ausdrücklich abgrenzt, teils dadurch, daß man meint, sich in einer größeren Gemeinschaft geborgen fühlen zu können. Dabei ist diese nationale Gemeinschaft ziemlich willkürlich und geschichtlich eher zufällig definiert, teils durch die Sprache, teils durch eine vermeintlich gemeinsame Kultur, jeweils aber ohne übereinstimmende Grenzen.

Kultur und Nation müssen sich dabei eigentlich ausschließen, denn Kultur ist gerade dadurch definiert, daß sie nicht ausgrenzt, sondern verbindet. Nation ist auch insoweit von Heimat zu unterscheiden. Letztere ist räumlich-regional und durch den persönlich erlebten Lebensraum bestimmt. In einem Zeitalter, in dem es möglich geworden ist, in eineinhalb Stunden um den ganzen Erdball zu fliegen, ist die Abgrenzung in Nationen ein Rückfall in die Zeit der Duodezfürstentümer.

Nach dem Zerfall der großen politischen Blöcke brachen im Osten wieder nationale Tendenzen hervor und führten zu kriegerischen Auseinandersetzungen. Die Ursachen waren vorwiegend ethnischer Natur – religiöse Abgrenzungen und die Furcht, von einem anderen Volk unterdrückt zu werden. Das wechselseitige Machtstreben ist jedoch wie jede Aggression Ausdruck

einer Angst – aufrechterhalten von einem ebenfalls wechselseiti-
gen irrealen Feindbild, dessen Konkretheit und Berechtigung (in
typisch infantiler Weise) niemand überprüft.

Diese Haltung hat seinerzeit schon den Kalten Krieg zwischen
Ost und West bestimmt. Die jahrzehntelange Aufrüstung war –
neben dem echten Bedürfnis einer Rüstungsindustrie – im Grunde nur gegenseitig emotional bestimmt, das heißt, sie entsprach
einer infantilen Angstabwehr.

Das Verhältnis der Generationen

Eine Unreife der Heranwachsenden ist vor allem deshalb problematisch, weil diese im Reifungsalter zu keiner kritischen
Haltung ihren eigenen Eltern gegenüber fähig sind. Sie nehmen
kritiklos hin, was ihnen von ihren Eltern und den anderen
Erwachsenen, mit denen sie zusammen aufwachsen, vorgelebt
wird. Eine puberale und postpuberale Kritik und die damit
verbundene Suche nach eigenen Werten und nach einer eigenen
Weltsicht ist jedoch die Voraussetzung für jede Kreativität und
für jede zivilisatorische wie auch kulturelle Fortentwicklung.

Die Studentenrevolution von 1968 war eine solche Auflehnung
gegen die Elterngeneration und gegen die von ihr überlieferten
Sitten und Gebräuche: »Unter den Talaren der Muff von 1000
Jahren«. Auch wenn die 68er-Generation sich später bereitwillig
und ohne große Schwierigkeiten in die Nachfolge ihrer Eltern und
in die Gesellschaft eingeordnet hat, so war ihre Auflehnung gegen
die ältere Generation mit einem Schub neuer Ideen und Betrach-
tungsweisen auf allen Lebensgebieten verbunden. Selbst wenn
solche neuen Ideen nicht unbedingt auf Dauer aktuell bleiben, so
wirkt sich schon das In-Frage-Stellen der altgewohnten Sitten und
Gebräuche wie eine Verjüngungskur aus.

Was heute unter »89er«-Generation verstanden wird, ist dagegen weniger eine Auflehnung gegen die vorangegangene,

sondern vielmehr eine Kritik an der vorvergangenen, also an der Großelterngeneration. Diese Kritik richtet sich nicht gegen die geltenden Werte der Elterngeneration, sondern sie bedeutet eine Suche nach Idealen in der zurückliegenden Vergangenheit, offenbar Ideale, die bei den Eltern natürlicherweise nicht zu finden sind und dort auch gar nicht gesucht werden sollten.

Die oft etwas naiv wirkende Auseinandersetzung der »89er« mit den für sie bereits geschichtlich gewordenen Problemen totalitärer Regierungen und uniformierter Gesellschaften duldet keine Kompromisse, ja nicht einmal menschliche Schwächen. Diese Generation unterteilt vielmehr in typisch infantiler Weise die Geschichte in »gut« und »böse«. Eine solche Einteilung ist aber, wie wir schon gesehen haben, ein Zeichen psychischer Unreife und Infantilität.

Natürlich gibt es auch heute eine »kritische Jugend«. Die Mehrheit jedoch, so erscheint es, zieht sich in ihre eigene Welt zurück und scheut offenbar die Auseinandersetzung mit der Elterngeneration. Sie ordnen sich äußerlich ein, suchen sich in Ausbildung und Beruf weniger inhaltliche Befriedigung als eben die Chance, möglichst bald viel Geld zu verdienen. Der dritte Weg zwischen Auseinandersetzung und Anpassung für diejenigen, die das eine scheuen und das andere nicht leisten können oder wollen, ist das Aussteigen mit Hilfe der Drogen in jeder Form.

In einer etwas verklärten Erinnerung erscheint die Auseinandersetzung der 68er-Generation in einem hellen Licht, im Vergleich zur Situation heute. Als Hochschullehrer war man in einer unerhört stimulierenden Weise in jeder Vorlesung durch oft kluge Kritik und Widerspruch gefordert und gezwungen, Stellung zu nehmen und auch sich selbst in Frage zu stellen. Jahre später saßen die Studenten still und scheinbar teilnahmslos im Hörsaal und schrieben alles mit, was man sagte. Ich hatte das Gefühl, sie würden auch »Hänschen klein, geht allein« mitschreiben, wenn ich es zitieren würde. Man konnte ja nie wissen, ob es nicht für das Examen gut war. Was die Studenten im stillen dachten, war nicht zu erkennen. Spontane Äußerungen waren selten geworden.

Auch die Auseinandersetzung der Generationen ist eine Form der Bindung und der Zusammengehörigkeit. Diese erscheint weitgehend verlorengegangen zu sein.

Es gibt tradierte Kulturen, in denen eine Auflehnung der nachrückenden Generation gegenüber der älteren traditionell nicht stattfindet, beispielsweise beim orthodoxen Judentum. Wie mir von einem jüdischen Freund erklärt wurde, gilt dort die väterliche Autorität bis zu dessen Tode, unwidersprochen und ohne jede Kritik. Es findet gewissermaßen ein Verzicht auf die Reifeentwicklung und auf die Entwicklung einer eigenen Individualität statt. Tatsächlich sind die großen kulturellen Entwicklungen, die vom Judentum hervorgebracht wurden, immer nur von solchen Vertretern gekommen, welche sich aus der engen orthodoxen Einbindung herausgelöst hatten. Auch die großen musikalischen Virtuosen aus dem europäischen Osten haben erst dann den Zenit ihres künstlerischen Schaffens erreicht, als sie das Stetl hinter sich gelassen hatten.

Der Rückzug zum Kind

Der Rückzug in eine kindliche Situation und kindliche Verhaltensweise, den wir Regression nennen, entspricht offenbar einem psychischen Prinzip, das wirksam wird, wenn der Mensch in eine Situation kommt, von der er glaubt, daß sie ihn überfordere. Wir haben dies bei der Besprechung der Pubertätsmagersucht wie auch der Schulphobie schon gesehen. Auch das Wiederauftreten des nächtlichen Einnässens bei jüngeren Kindern, die sogenannte sekundäre Enuresis nocturna, zeigt eine solche Regression in ein frühkindliches Entwicklungsstadium, in dem das Kind gewissermaßen noch Anspruch auf Zuwendung und Hilfe hat. Zumindest kann das so interpretiert werden, und die Situation, die dazu führt, fordert regelmäßig eine solche Interpretation heraus.

Aber auch bei ernsteren psychischen Störungen kann die Regression als Versuch gewertet werden, mit psychischen Konflikten fertig zu werden. So kann beispielsweise die schizophrene Psychose als eine Regression auf eine kindliche oder gar frühkindliche Denk- und Erlebnisstufe verstanden werden. Zu dieser Flucht in die Kindheit kann es kommen, wenn Menschen plötzlich oder immer wieder aufs neue mit Situationen konfrontiert werden, von denen sie sich überfordert fühlen. Eine solche Regression finden wir auch außerhalb der schizophrenen Psychose, bei den Neurosen. Der Unterschied liegt nur darin, daß beim neurotischen Menschen die Beziehung zur Umwelt, zu den Mitmenschen und dem Leben und Treiben, das ihn umgibt, erhalten bleibt und er auch sein eigenes neurotisches Verhalten als von dem seiner Mitmenschen abweichend erleben und unter ihm leiden kann. Der Schizophrene dagegen verliert diese Kontrolle, und er kann zu seinem ursprünglichen Bezug zur Umwelt nicht zurückkehren. Es »hakt« sozusagen aus. Da aber alle Erfahrungen, Kenntnisse und Denkinhalte, die er in seinem bisherigen Leben gesammelt hat, bestehenbleiben, seine Denk- und Erlebnisweise jedoch auf eine kindliche Stufe zurückkehrt, erscheint sein Denken und Fühlen für den Außenstehenden fast völlig unverständlich und wirr. Dabei ist er in seiner Denkweise eben nur »ver-rückt«.

Jedenfalls handelt es sich bei den Psychosen auch um eine Regression, um eine Rückkehr auf eine kindliche Stufe des Denkens, Fühlens und Handelns, die allerdings, im Gegensatz zur Neurose, nicht jederzeit, wenigstens vorübergehend, rückgängig gemacht werden kann.

Dies läßt sich auch neurophysiologisch, das heißt durch Messen der Hirnströme zeigen. Wenn man es vereinfacht darstellt, dann kann man sagen, daß Hirnströme des Schizophrenen vergleichbare Frequenzen zeigen, wie sie auch beim kleinen Kinde zu registrieren sind. Im einzelnen ist das natürlich sehr viel komplizierter. Eine Schweizer Forscherin[16] hat aber anhand des Elektro-Enzephalogramms nachweisen können, daß Denkvorgänge und Erfahrungen in unterschiedlichen Bewußtseinsstufen, zum Beispiel in der frühen Kindheit oder auch im Traum, unter diesen speziellen Funktionsbedingungen gespeichert werden und bei der Rückkehr in ähnliche Funktionssituationen wieder erinnert und »nachgedacht« werden können.

Auch die Flucht in den Drogenkonsum oder in den Alkoholismus kann als Versuch einer Regression aufgefaßt werden. Sie nimmt, wenigstens solange der Rausch anhält, die Angst vor der bedrohlichen Zukunftsvorstellung.

So ist die Regression, die psychische Rückkehr in ein früheres Entwicklungsstadium, eine jedem Menschen mögliche Reaktionsform gegenüber vermeintlichen oder tatsächlichen Überforderungen. Diese Möglichkeit der Rückkehr zum Kinde ist gewissermaßen das Netz, das unter dem Hochseil aufgespannt ist, mit dem sich der Hochseilkünstler vor dem tödlichen Absturz sichern kann. Es ist bemerkenswert, daß viele Menschen lieber gleich von vornherein im sicheren und bequemen Netz bleiben und gar nicht erst versuchen, aufs Hochseil zu klettern. Die Angst vor einem möglichen, wenn auch eigentlich risikolosen Sturz läßt sie schon auf den Versuch verzichten. Wahrscheinlich ist es eine Angst vor dem eigenen Scheitern, das sie am bloßen Versuch hindert.

Dieser Verzicht auf Selbständigkeit von Anfang an aber ist, so denke ich, eine Folge früher negativer Erfahrungen, also eine Folge der Erziehung.

Bei Marie Luise Kaschnitz[17] fand ich folgenden Satz: »Die Mütter können mit den Kindern nichts mehr anfangen, entweder sie wollen nicht erwachsen werden und keine Verantwortung tragen, oder sie sind zu schnell erwachsen geworden und haben die Spiele verlernt.« Ich denke, es sind nicht nur die Mütter, auch die Väter. Aber auch das ist richtig: Wer zu schnell erwachsen wird, wer dazu regelrecht gezwungen wird, wie viele Kinder in Krieg und Verfolgung, kann nicht richtig erwachsen werden.

Die Erziehung zum Erwachsenen

Vorbemerkung

Gedanken zur Verbesserung der Möglichkeiten für Kinder und Jugendliche, Schwierigkeiten beim Erwachsenwerden zu überwinden und frühzeitig selbständig und selbstsicher zu werden, können hier nur in groben Zügen aufgezeigt und mögliche Ansätze dazu vorgeschlagen werden. Daher läßt es sich nicht vermeiden, daß manche Vorschläge und Forderungen etwas naiv und missionarisch klingen mögen.

Die gesellschaftlichen Aufgaben

Was man *nicht* gegen die Angst vor dem Erwachsenwerden tun kann, ist klar: Man kann das Rad der Geschichte nicht zurückdrehen und frühere Zustände wiederherstellen. Und das ist gut so. Das hätte auch keinen Sinn, da die Bereitschaft zur Reife früher nicht stärker ausgeprägt war, eher im Gegenteil. Nur die gegenseitige Verpflichtung für den anderen, die Solidarität, war wohl in vergangenen Zeiten besser entwickelt, das heißt selbstverständlicher.

Die Menschen könnten sich aber auch nicht einig werden, wie weit und wohin das Rad zurückgedreht werden sollte. Wir werden also mit niedrigen Kinderzahlen weiterhin leben müssen. Daran wird auch die von der Politik immer wieder versprochene Verbesserung der ökonomischen Situation für Familien nichts ändern, kein Babygeld oder ähnliche Maßnahmen. Wir werden weiterhin mit den Bildmedien der sich weiterentwickelnden Telekommunikation leben und lernen müssen, damit umzugehen, und mit einer weiteren Vermischung verschiedener Kulturen und einer zunehmenden Fluktuation.

Was sich ändern kann und muß, kann auf zwei Ebenen stattfinden: im gesellschaftlichen und familiären Bereich.

Auf der gesellschaftlichen Ebene ist es Aufgabe der Politik, die Bedingungen, unter denen Kinder bei uns aufwachsen, so zu ändern, daß sie auch in Zukunft eine auf Solidarität und gegenseitige Verantwortung begründete psychosoziale Entwicklung erfahren können und die äußeren Bedingungen vorfinden, die ihnen zum nötigen Selbstbewußtsein und zur psychischen Unabhängigkeit verhelfen können.

Damit die Kinder, wenn sie zur Welt kommen, eine hinreichend stabile, aber auch intime und vor allem kontinuierliche Beziehung aufbauen können, müssen die wenigen Personen, die für die Kinder noch zur Verfügung stehen, genügend Zeit haben, mit dem Kind zusammenzuleben. Das heißt, daß beide Eltern, auch wenn sie beide berufstätig sind, noch genügend Zeit füreinander und für das Kind haben. Es ist notwendig, daß mehr Teilzeitarbeitsmöglichkeiten angeboten werden und daß Anreize geschaffen werden, diese Angebote auch wahrzunehmen.

Die Erziehungszeiten für die ersten Lebensjahre müssen gesichert sein, auch für die freiberufliche Tätigkeit, nicht nur für die Arbeiter, Angestellten und Beamten. Für letztere muß die Wiedereinstellung in einen vergleichbaren Arbeitsplatz garantiert sein.

Überall dort, wo ein Elternteil die Betreuung des einen oder auch mehrerer Kinder übernehmen will, muß diese Tätigkeit als eine rentenberechtigte Berufstätigkeit anerkannt sein.

Auch das System der Tagesmütter bedarf des weiteren Ausbaus, wobei vor allem darauf zu achten ist, daß für das einzelne Kind eine ausreichende Kontinuität in der Betreuung sichergestellt ist. Es ist keineswegs so, daß Kleinkinder nur von *einer* Pflegeperson betreut werden dürfen. Es können auch zwei oder drei verschiedene sein, und je größer die Kinder werden, desto eher können noch weitere Personen für ihre Pflege und Betreuung herangezogen werden, nur sollten es immer dieselben sein. Das Kind sollte nicht einem ständigen Wechsel ausgesetzt sein.

Während Kinderhorte eher als Notbehelf angesehen werden können, weil die individuelle Beziehung zwischen der Betreuungsperson und dem Kind in der Regel nicht so wie bei der Tagesmutter gewährleistet sein kann, steht dieses Problem mit Beginn des Kindergartenalters nicht mehr im Vordergrund. Der Vorteil des Kinderhorts gegenüber der Tagesmutter ist lediglich der, daß in jedem Fall eine Betreuung der Kinder garantiert ist, wogegen die Tagesmutter auch einmal krank werden kann und die Familien sich dann um einen Ersatz bemühen müssen. Nicht überall stehen dafür Großeltern zur Verfügung.

Die Kindergärten sind bei uns in Anlehnung an die Schulen in der Regel noch jahrgangsweise organisiert, so daß jedes Kind meist mit einer größeren Zahl fast gleichaltriger Kinder zusammen den Tag verbringt. Dies ist eine im Grunde unnatürliche Situation, gewissermaßen eine übersteigerte Zwillingssituation, die von vornherein das Prinzip der Rivalität in den Vordergrund rückt. Jedes Kind muß um den Platz an der Sonne kämpfen. Diejenigen, die sich durchsetzen, erfahren frühzeitige und für sie wichtige und prägende Erfolgserlebnisse. Aber das ist immer nur die eine Hälfte, die andere kann sich nicht durchsetzen und verliert zwangsläufig das Vertrauen zu sich selbst. Außerdem werden sie frühzeitig lernen, daß die Mitmenschen nicht hilfsbereit, sondern rücksichtslos sind und daß sie in der Regel zu denjenigen gehören, die den kürzeren ziehen.

Kindergärten mit altersgemischten Gruppen gibt es zwar schon, sie sind aber noch die Ausnahme. Es wäre daher notwendig, grundsätzlich im Kindergarten solche altersgemischte, kleine Gruppen einzurichten, wo die Älteren die Verantwortung für die Jüngeren übernehmen und die Jüngeren dort zunächst Sicherheit und Betreuung finden, bis sie auch in die Position der Älteren aufrücken können.

Solche Ansätze gibt es hier und da bereits, sie haben sich aber noch längst nicht durchgesetzt.

Die Aufgaben der Schule

Auch in der Schule ist eine energische strukturelle Änderung notwendig. Sie darf sich nicht nur als ein Institut zur Wissensvermittlung verstehen, sondern muß sich auch als der Ort sehen, der für die psychosoziale Entwicklung der Kinder zuständig und verantwortlich ist. Diese Aufgabe kann die verkleinerte und vielfach aufs Wochenende konzentrierte Familie nicht mehr allein übernehmen.

Bei der ihr in jedem Fall verbleibenden Aufgabe des eigentlichen Unterrichts sind altersgemischte Gruppen für diese Funktion nicht möglich. Es bietet sich aber an, Ganztagsschulen einzurichten, in denen ein Teil der Zeit zum Unterricht verwandt wird, wie das heute auch der Fall ist, der andere Teil aber klassen- und altersübergreifenden gemeinsamen Aktivitäten vorbehalten bleibt. Diese Gemeinschaftsbetreuung, die auch der Erledigung der Hausaufgaben dienen kann, müßte von speziell dafür ausgebildeten Sozialpädagogen geleistet werden. Die Kinder müßten hier Gelegenheit haben, all das zu erfahren, zu erleben und zu erlernen, was dem Kind in der kleinen Familie nicht mehr geboten werden kann.

Aus den Erfahrungen dieses Teilbereichs der Schule könnte auch das Persönlichkeitsprofil des Kindes gewonnen werden, das, nicht gerade in Zeugnisnoten, wohl aber in einer begleitenden Beurteilung für seine Qualifikationen im späteren Leben eine gewisse Bedeutung erlangen könnte.

Jedenfalls darf nicht mehr nur Rivalität, Konkurrenz und Besser-sein-Wollen als der andere zum alleinigen Wertmaßstab und Auslesefaktor für Kinder und Jugendliche werden.

Vor allem müßte in der Schule darauf geachtet werden, daß die Schülerinnen und Schüler nicht mehr als unvermeidbar – und es ist fast völlig vermeidbar – beständig in ihrem Selbstwert gekränkt und abgewertet werden. Jedes Kind und jeder Jugendliche hat positive Fähigkeiten und Gaben, die anerkannt und gefördert werden können, wobei die Fähigkeit, Verantwortung für andere zu übernehmen und zu tragen, an erster Stelle stehen sollte.

Prinzipiell sollte, um die Schule von der Auslesefunktion zu befreien, den weiterführenden Instituten, Realschulen, Gymnasien, Fachhochschulen und Universitäten die Aufgabe zufallen, ihre Schüler und Studenten selbst auszusuchen, und zwar nach den Kriterien, die für ihren speziellen Studiengang wesentlich sind. Die vorausgegangenen Institutionen hätten dann nur noch die Bestätigung zu erbringen, daß das Kind oder der Jugendliche eine gewisse Mindestqualifikation erfüllt.

Jenseits von Schule und Studium beginnt sich die freie Wirtschaft, vor allem die Industrie, bereits darauf zu besinnen, daß sie nicht mehr den menschlichen Roboter benötigt, der bereitwillig und widerspruchslos alles tut, was man von ihm verlangt, ohne eigene Ansprüche, ohne Lohnforderung und ohne Bezug zu dem, der neben ihm arbeitet. Vielmehr wird der selbständig mitdenkende Arbeitnehmer im Team gesucht, der sich mit dem Produkt, an dem er mit den anderen zusammenarbeitet, identifizieren kann. Für diesen selbständigen und vor allem teamfähigen, verantwortungsvoll mitarbeitenden Arbeitnehmer müssen auch die vorausgegangenen Grund- und Hauptschulen und Gymnasien die Voraussetzungen schaffen.

Die Einbeziehung aller Mitarbeiter in die gemeinsame Arbeit hat sich nach meiner eigenen Erfahrung beispielsweise auch im klinischen Bereich sehr bewährt. Die verantwortliche Beteiligung aller Pflegekräfte und Erzieher in einer kinder- und jugendpsychiatrischen Klinik hat wesentlich verbesserte Voraussetzungen für eine gute therapeutische Arbeit in der Klinik erbracht und zusätzlich die Motivation aller Beteiligten erhöht sowie ein gemeinsam verantwortliches »Wir-Gefühl« hervorgerufen.

Darüber hinaus müssen Einrichtungen geschaffen oder ausgebaut werden, welche den sich von zu Hause lösenden Jugendlichen in ihrer Freizeit zur Verfügung stehen. Diese dürfen sich

nicht allein am Konsum orientieren, sondern sollten Möglichkeiten und Anregungen zur Entfaltung kreativer Fähigkeiten und
gemeinschaftlichen Erlebens bieten.

Die Aufgaben einer Medienpolitik

Auch die Medienpolitik bedarf einer völligen Neuorientierung.
Es war im hohen Grade gefährlich, die Bildmedien einfach der
freien Marktwirtschaft zu überlassen. Dies wäre selbst dann
unsinnig, wenn tatsächlich, wie beim öffentlich-rechtlichen Fernsehen, der Konsument für das, was ihm im Fernsehen geboten
wird, bezahlt und er durch das Bezahlen eine gewisse Auswahl
bei der Art der Sendungen selber treffen könnte. Dies würde
dazu führen, daß es billige und teure Sendungen gibt, und wir
wären wieder dort, wo es Schulen für die Armen und für die
Reichen gab.

Völlig verhängnisvoll war es jedoch, die Kosten für das Fernsehen über die Werbung zu gewinnen, denn diese kann sich nur
nach den Einschaltquoten richten, und diese wiederum richten
sich nach der Bequemlichkeit, dem Reiz des Angebotenen und
der Befriedigung einfachster menschlicher Regungen. Darüber
hinaus gewinnt die freie Wirtschaft mit dem Ziel der Umsatz-
steigerung eine Informationsmacht und damit auch eine Macht
der Erziehung im weitesten Sinne, der sie ethisch kaum gerecht
werden kann.

Es kommt ja auch niemand auf den Gedanken, unser Bildungssystem, vom Kindergarten bis zur Universität, dem freien Markt
der Wirtschaft zu überlassen. Dort vielmehr denken sich Kultus-
ministerkonferenzen mühsam gemeinsame, möglichst sinnvolle
Lehrpläne aus, die dann für alle mehr oder weniger verbindlich
werden.

Es müßte hier ein Weg zwischen verantwortlicher Selbstzensur
und staatlicher Überwachung auf der einen Seite und umsatzbe-

stimmter Programmregie auf der anderen gefunden werden. Beide Extreme sind gleichermaßen unerträglich und darüber hinaus für die psychosoziale Struktur der Gesellschaft problematisch.

Die Aufgaben der Familien

Im kleinen Rahmen, unterhalb der Ebene der Gesellschaft, das heißt in der einzelnen Familie und in der Beziehung zwischen Eltern und ihren Kindern, die zunächst für die Erfahrungen des Kindes verantwortlich sind, wenn es in diese Welt eintritt, kann für die Überwindung der gezeigten Fehlentwicklung manches getan werden. Es geht darum, den Kindern zum einen die Fähigkeit zur Empathie, zur Fähigkeit, sich in andere einzufühlen, zum anderen ein stabiles Selbstbewußtsein und eine eigenständige Denkfähigkeit zu vermitteln.

Ersteres ist nur in einer für das kleine und größere Kind stabilen und kontinuierlichen emotionalen Beziehung möglich, in welcher die Eltern noch die Zeit und vor allem die Möglichkeit finden, ihre Kinder ihren eigenen, natürlich möglichst verantwortungsvollen und sozialen Lebensstil miterleben zu lassen.

Ebenso wichtig ist aber die Erziehung zur Selbständigkeit. Dies setzt voraus, daß die Kinder schon vom ersten Lebenstag an eine eigene, nur sich selbst gehörende Persönlichkeit sind, die für die Eltern von Anfang an ein Partner sein können. Kinder sind den Eltern, den Älteren überhaupt, nicht untertan, sondern ein eigenes Glied der Familie, ohne das die Familie keine Familie wäre.

Es gibt eine Regel, die ich früher – leider – auch manchmal zitiert habe: Behandle dein Kind in den ersten sieben Jahren wie ein Kind, in den zweiten sieben Jahren wie einen Knecht und in den dritten sieben Jahren wie einen Freund.

Ich denke, nur letzteres ist im Grunde akzeptabel. Die ersten sieben Jahre ist das Kind zwar jemand, der Schutz und Hilfe benötigt, aber nichtsdestoweniger eine eigene Persönlichkeit. Wenn wir es aber in den zweiten sieben Jahren wie einen Knecht behandeln, dann brauchen wir uns nicht zu wundern, wenn es auf immer ein Knecht bleibt, das heißt kein Selbstvertrauen erwirbt und immer auf den Befehl des Vorgesetzten wartet. Ist ein solcher nicht da, wird es sich stets einen suchen. Es steht aber nichts dagegen, das Kind immer wie einen Freund zu behandeln, einen Freund, der zunächst Sicherheit und Geborgenheit erwartet, der es aber auch bleibt, wenn er diese immer weniger benötigt.

Sein Kind als Knecht zu behandeln heißt immer auch, daß ich mich zum Herren mache und Macht ausübe. Es besteht aber die fast unabwendbare Gefahr, daß ich diese Macht mißbrauche und vor allem, daß ich sie nicht mehr hergeben möchte.

Der Wille des Kindes ist von vornherein beachtlich und verdient Beachtung, auch wenn er nicht immer Berücksichtigung finden kann. Die Meinung ist noch weit verbreitet, daß Kinder keinen eigenen Willen hätten, und wenn sie ihn haben, er notwendigerweise unvernünftig und unbeachtlich sei. Mancherorts ist sogar noch die Meinung vorherrschend, dem Kind müsse zunächst einmal »der Wille gebrochen« werden, damit es sich einfügen könne und lerne, nach wem es sich zu richten habe. In Wirklichkeit geht es den Eltern und Erziehern dabei eigentlich nur um die Erhaltung ihrer Macht und nicht um die spätere psychosoziale Entwicklung der Kinder.

Natürlich versuchen kleinere und manchmal auch größere Kinder, die Grenzen ihrer Möglichkeit auszukundschaften, und es ist keineswegs erforderlich, daß die Erwachsenen ihre eigenen Bedürfnisse und ihren eigenen Willen immer hinter dem ihrer Kinder zurückstellen, sich ausnützen lassen und den Kindern stets zu Willen sind. Es geht vielmehr darum, sich gegenseitig die unterschiedlichen Bedürfnisse zu vermitteln und die jeweiligen Bedürfnisse auch beim anderen wahrzunehmen. Wenn die Eltern aber die Bedürfnisse und Wünsche ihrer Kinder nicht zur Kenntnis nehmen, dann werden auch die Kinder nicht dazu erzogen, die Wünsche ihrer Eltern als etwas zu erleben, was eine eigene Berechtigung hat und nicht nur zur Schikane und Unterdrückung der Kinder dient.

Die Erziehung zur Selbständigkeit, Selbstsicherheit und Selbstverantwortlichkeit allein ist in der Lage, viele Kinder vor Unterdrückung durch andere, bis hin zum Mißbrauch und zur Gewalttat zu schützen. Manches Kind ist einem sexuellen Mißbrauch oder gar einem Sexualmord deswegen zum Opfer gefallen, weil es nicht den Mut gehabt hatte, einem Erwachsenen, auch den eigenen Eltern, zu widersprechen oder sich Befehlen zu widersetzen.

Wenn Jugendliche nicht imstande sind, sich gegen die Freunde ihrer Altersgruppe durchzusetzen, die schlechten Einfluß auf sie auslösen, oder zumindest sich von ihnen zu lösen und dem Gruppendruck standzuhalten oder gar sich dagegen zu stellen, werden Dissozialität und Kriminalität gerade der Jugendlichen eher zunehmen, jedenfalls nicht abnehmen.

Es wurde in letzter Zeit angesichts der Ausschreitungen jugendlicher Gruppen, insbesondere nach Brandlegungen in Asylantenheimen und Angriffen auf Ausländer, immer wieder der Ruf nach einer Rückkehr zu einer strengeren, repressiven Erziehung laut. Es wurde behauptet, die antiautoritäre Erziehungshaltung der 68er-Generation und in der Zeit danach wäre dafür verantwortlich. Das Gegenteil ist richtig. Untersuchungen haben gezeigt, daß die Jugendlichen, die solche Taten verübten, ganz überwiegend aus einem Elternhaus kamen, in dem sie einer strengen und unterdrückenden Erziehung ausgesetzt waren.[18]

Kinder werden meist zur Unselbständigkeit erzogen. Erst wenn sie etwas falsch machen, »dumme Sachen« anstellen, dann machen wir sie ohne Bedenken dafür verantwortlich und nehmen das Verhalten der Kinder und Jugendlichen als Beweis dafür, daß sie eben doch der strengen Bevormundung bedürfen. Es wird völlig vergessen, daß die Erzieher selbst dazu beigetragen haben, daß sie so »unverantwortlich« gehandelt haben.

Kinder und Jugendliche, denen unter der strengen Hand ihrer Eltern, meist ihres Vaters, keine Möglichkeit geboten war, eigene Werthaltungen zu finden und freiwillig, den Eltern zuliebe, deren soziale Haltung und Einstellung zu ihren Mitmenschen zu übernehmen, sondern dies gezwungenermaßen, aus Furcht vor Strafe taten, diese Jugendlichen suchen in der Reifeentwicklung nach eigenen Wertmaßstäben. Oder aber, weil sie sich vor der elterlichen Gewalt nicht mehr fürchten oder weil die Eltern nicht mehr gegenwärtig sind, lassen sie nun einmal andere Werte gelten, die sie von ihren Freunden und Altersgenossen übernehmen konnten, die ihrerseits auch negative Erfahrungen zu Hause gemacht haben.

Wir brauchen uns auch nicht zu wundern, wenn Jugendliche zu Gewalttaten schreiten, wenn sie schon in ihrer Kindheit erlebt haben, daß die Eltern Abend für Abend mit Genuß vor dem Fernsehgerät saßen, um sich Filme voll von Gewaltszenen anzusehen.

Wir können diese Kinder und Jugendlichen nicht allein für ihr Verhalten verantwortlich machen, wenn sie diese Suche zu spät und ihrem Alter entsprechend mit zunehmend negativen Wirkungen unternehmen. Jedenfalls kann sich die ältere Generation nicht einfach aus der Verantwortung stehlen.

Solche negativen Entwicklungen können nur verhindert werden, wenn, wie bereits dargestellt, die Kinder von klein auf in ihrer Eigenständigkeit Anerkennung finden und in früher, sachlicher Auseinandersetzung mit den Eltern sich ohne Zwang, sondern nur »den Eltern zuliebe« sich deren Vorbildern anpassen. Dann haben sie es auch nicht nötig, in der Reifezeit ihre Grenzen zu suchen.

Nur eine früh einsetzende Erziehung zur Selbständigkeit kann es den heranwachsenden Kindern und Jugendlichen ermöglichen, wirklich erwachsen zu werden, auf die Abhängigkeit von der

Elterngeneration zu verzichten, aber auch von der Geborgenheit falscher Führer und Idole unabhängig zu werden und die Voraussetzung zu einer stabilen Demokratie zu schaffen.

Eltern und Erzieher haben im übrigen noch kaum realisiert, daß nicht nur die Kinder von den Eltern lernen müssen, sondern daß es auch für die Eltern und Erzieher vieles gibt, was sie von ihren Kindern und Jugendlichen lernen können, um selbst jung zu bleiben – oder besser: mit Anstand alt zu werden – und um damit eine positive Weiterentwicklung der nächsten Generation zu ermöglichen.

Gedanken zum Schluß

Wir haben gesehen, daß die Menschen zwar seit Jahrhunderten, vielleicht auch seit jeher, immer wieder den Versuch unternehmen, kindliche Bedürfnisse zu überwinden, selbständig und unabhängig zu werden, daß ihnen das aber gleichzeitig nicht gelingt und sie trotz aller Bemühungen immer wieder zurückfallen und in den Schutz der Kindheit zurückkehren. Ja, die meisten wollen auf diesen Schutz gar nicht verzichten und bleiben von vornherein – zumindest in bestimmten Teilbereichen der Psyche – in ihrer Kindheit verhaftet.

Diese Rückkehrmöglichkeit ist, wie ich gezeigt habe, eine wichtige Fähigkeit jedes Menschen, die ihn vor Selbst- und Fremdüberforderung schützen kann.

Da es der Menschheit offenbar noch nie gelungen ist, trotz immer neuer Versuche sich auch nur in der Mehrzahl ihrer Mitglieder wirklich aus der Kindheit zu lösen und erwachsen, also selbständig und verantwortlich zu werden und eine mögliche Reife zu erlangen, wäre es naiv, anzunehmen, diese Grundhaltung des Menschen könnte durch Erziehung und durch Verbesserung der gesellschaftlichen Bedingungen grundsätzlich geändert werden. Das war mit den oben angeführten Vorschlägen auch nicht gemeint.

Dennoch erscheint es möglich, wenigstens einem Teil der heranwachsenden Menschen eine bessere Möglichkeit, reif und erwachsen zu werden, zu bieten. Dabei ist nicht zu bestreiten, daß die gewisse Unreife mancher erwachsener Menschen auch Anteil haben kann an ihrem Charme. Das gilt aber nur für wenige.

So erscheint es wohl nötig, mit diesen – wie wir aus der Geschichte wissen – meist vergeblichen Bemühungen um mehr Reife beständig fortzufahren, weil es sonst ganz offenbar nicht nur zu einem Stillstand in der Menschheitsentwicklung kommt, sondern zu einem immer schneller voranschreitenden Rückschritt. Dieser hätte aber politisch, kulturell und geistesgeschichtlich verheerende Folgen. Eine Neuauflage politischer Diktaturen mit zerstörenden Machtkämpfen wäre unvermeidlich, wenn nicht immer mehr Menschen durch Selbständigkeit und Kritik, verbunden mit Solidarität, Empathie und Verantwortung, solche Entwicklungen frühzeitig erkennen und sie verhindern können. Deswegen, so denke ich, sind Überlegungen, was besser gemacht werden könnte, doch angezeigt.

Ausgehend von der Beobachtung des Taxifahrers war deutlich zu machen, daß es auf verschiedenen Ebenen der psychischen Entwicklung vom Kleinkind zum Erwachsenen Schwellen gibt, an welchen die Menschen häufig stolpern oder hängenbleiben.

Das Kind im Alter von ein bis zwei Jahren sollte die Möglichkeit bekommen, sich selbst in seiner Beziehung zu seinen Mitmenschen zu erleben und mit der Zeit kritisch zu differenzieren. Sonst mangelt es ihm später an der Fähigkeit, auf andere Rücksicht zu nehmen, die Bedürfnisse seiner Mitmenschen zu erkennen und nachzufühlen. Diese Fähigkeit zur Empathie muß erlernt werden, und dem Kind muß die Möglichkeit, dies zu erlernen, geboten werden.

Offenbar ist in den vergangenen Jahrzehnten diese Möglichkeit nicht mehr so gegeben gewesen wie in früheren Zeiten. Jedenfalls ist die Fähigkeit zum Mit- und Einfühlen sowie einer solidarischen Grundeinstellung defizitär geworden.

Dafür gibt es viele Gründe. Teils liegen sie in der demographischen Entwicklung in der westlichen Welt, teils in der Strukturänderung der Familie und der Gesellschaft, und sicher gibt es noch einige andere, die ich nicht angesprochen habe.

In einer früheren Entwicklungsphase, schon im ersten Lebensjahr, ist das Kind natürlicherweise ganz auf sich selbst fixiert, erlebt sich selbst als Mittelpunkt der Welt und bezieht alles, was draußen vorgeht, auf sich. Es lebt in einer egozentrischen Phase. Manche Kinder bleiben an dieser Schwelle stehen, selten in allen ihren Fähigkeiten, häufiger in einzelnen Teilfähigkeiten. Es gibt ein Krankheitsbild, das durch dieses Stehenbleiben definiert ist: den frühkindlichen Autismus.

Dieses Krankheitsbild ist durch ganz bestimmte Symptome gekennzeichnet. Wie wir gesehen haben, finden wir aber diese Symptome nicht nur bei den autistischen Kindern und Erwachsenen, sondern in leichterer Form auch bei uns allen, und das offenbar in den letzten Jahrzehnten zunehmend häufiger.

Werden wir am Ende alle autistisch?

Es könnte sich hier um eine Weiterentwicklung der menschlichen Psyche in diese den Menschen isolierende Richtung handeln, und zwar durch eine zunehmende Betonung des differenzierenden Verstandes und unter der Vernachlässigung der Emotionen und der integrativen Fähigkeiten, der Fähigkeit zur Gesamtschau. Es könnte aber auch eine Folge unserer veränderten gesellschaftlichen Erfordernisse und Bedingungen sein, welche die heranwachsenden Kinder und Jugendlichen einseitig fördern und auslesen.

Man sollte ein Auge darauf haben.

Anmerkungen

1 Bericht und Empfehlungen der Enquete-Kommission »Kinder in Baden-Württemberg«, Landtag von Baden-Württemberg, 11. Wahlperiode, Drucksache 11/3919 vom 11. Mai 1994

2 *Materialien zum Jugendbericht (8.). Band 4: Datenhandbuch. Zur Situation von Familien, Kindern und Jugendlichen in der Bundesrepublik Deutschland,* Deutsches Jugendinstitut, München 1990

3 Ebd.

4 Miedaner, Lore und Permien, Hanna: »Betreuungssituation und Nachmittagsgestaltung von Mädchen und Jungen. Zur Weiterentwicklung familienergänzender Angebote«, in: Deutsches Jugendinstitut (Hrsg.): *Was tun Kinder am Nachmittag? Ergebnisse einer empirischen Studie zur mittleren Kindheit,* Deutsches Jugendinstitut, München 1992, S. 173-215.

5 Hillerman, Tony: *Wer die Vergangenheit stiehlt,* Rowohlt-Taschenbuch, Reinbek 1990

6 Gorki, Maxim: *Autobiographische Romane. Meine Kindheit,* dtv, München 1976

7 Bleuler, Eugen: »Die Prognose der Dementia praecox (Schizophreniegruppe)«, in: *Archiv für Psychiatrie,* 65, 1908, S. 436

8 Ders.: *Lehrbuch der Psychiatrie,* neu bearb. von Manfred Bleuler u.a., Springer, Berlin, 15. Aufl. 1983, S. 378

9 Ders.: *Das autistisch-undisziplinierte Denken in der Medizin und seine Überwindung,* Springer, Berlin, 5. Aufl. 1976, 5. Nachdruck 1985

10 Bodenheimer, Ronald Aron: *Plädoyer für die Unordnung,* Haux, Bielefeld 1994

11 Feuling, Martin: *Das Begehren ist das Begehren des Anderen. Zur Theorie der Intersubjektivität bei Jacques Lacan,* Dissertation, Tübingen 1990

12 Wing, Lorna: *Das autistische Kind,* Otto Maier, Ravensburg 1980

13 Bettelheim, Bruno: *Themen meines Lebens,* Deutsche Verlagsanstalt, Stuttgart 1990

14 Krockow, Christian von: *Begegnung mit Ostpreußen,* dtv, München 1995

15 Ciompi, Luc: *Affektlogik. Über die Struktur der Psyche und ihre Entwicklung. Ein Beitrag zur Schizophrenieforschung,* Klett-Cotta, Stuttgart, 4. Aufl. 1994

16 Koukkou-Lehmann, Martha: *Hirnmechanismen normalen und schizo-phrenen Denkens,* Springer, Berlin 1987

17 Kaschnitz, Marie Luise: *Wohin denn ich. Aufzeichnungen,* dtv, München 1994

18 Willems, Helmut: *Fremdenfeindliche Gewalt. Einstellungen − Täter − Konflikteskalation,* Leske + Budrich, Opladen 1994